災害から命を守る

「逃げ地図」づくり

逃げ地図づくりプロジェクトチーム 編著

ぎょうせい

▲避難目標地点から3分ごとに緑、黄緑、黄、橙、赤と色分けしてつくる逃げ地図

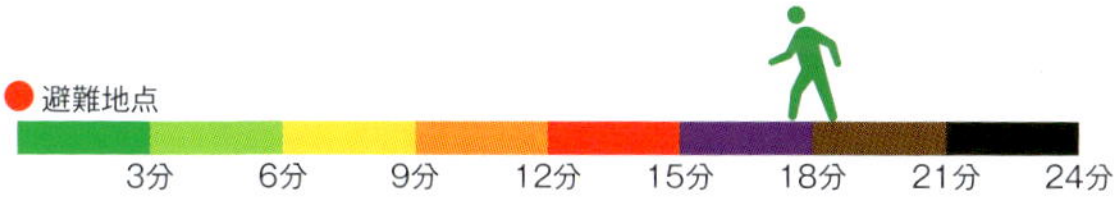

▲逃げ地図は地域の老若男女が一緒につくることが望ましい

▲津波からの逃げ地図を活用したアートプロジェクト「キツネを探せ！」
（陸前高田市広田町）

▲逃げ地図づくりネットワーク全国会議＆展示会（2018年12月、日建設計）

はじめに

地震や大雨などの自然災害に出会うことは、日本列島に暮らしている以上、避けて通れない宿命です。これまでに被害に遭っていない人も、自分のこととして向き合う必要があります。地域で起こりうる災害は、地理的条件などによって異なります。自分の地域にはどんな危険があるか、いざという時にどこへどう逃げるか、避難にどのくらいの時間がかかるか、途中に障害物はないか。それらを知るには、まず地域を知らなければなりません。

この本がすすめる逃げ地図は、災害時に高齢者が避難場所まで歩行してたどり着ける経路を3分ごとに色分けして避難方向を図示した手書きの地図です。逃げ地図は、白地図と色鉛筆と物差しになる革ひもさえあれば、どこでも作成することができます。東日本大震災の経験と教訓を活かすため、津波からの逃げ地図として考案しましたが、山津波と言われる土砂災害や洪水、それに火災など多様な災害に応用可能な手法として、日本列島の各地に広がっています。

逃げ地図は、一人でも作成できますが、地域の人たちが一緒につくることが重要です。逃げるのに時間がかかる高齢者が多いことに中学生たちが気づくことや、仕事帰りの最寄り駅で被災した時は、指定とは別の避難場所が近いことをお互いに確認し合うコミュニケーションは、いざという時に実際に役立ちます。

逃げ地図は、新たな避難場所や避難経路ができると色が変わります。そのため、避難対策や減災対策を促す手段としても活用されています。逃げ地図づくりを契機に、避難訓練が活性化し、地区防災計画を立案した地区があります。実際に新たな避難場所や避難経路の確保を促した地区もあります。こうした小さな積み重ねを続けていくことが減災への近道です。

私たち逃げ地図づくりプロジェクトチームは、2012年5月、津波からの逃げ地図の作成方法とそのワークショップ手法を開発した日建設計ボランティア部と、逃げ地図づくりワークショップを通したリスク・コミュニケーションの促進効果、小学生等の対象の拡大と教育効果、ワークショップ手法のアレンジ、アートプロジェクトや地区防災計画、防災まちづくりへの展開などを研究する明治大学山本俊哉研究室及び千葉大学木下勇研究室が共同し、科学研究費助成事業に応募して2013年4月から「津波避難と仮設居住期の子ども安全まちづくりワークショップ手法の開発」（研究代表者：山本俊哉）と題する研究を開始しました。2014年10月からは科学技術振興機構（JST）社会技術開発センター（RISTEX）の「多様な災害からの逃げ地図作成を通した世代間・地域間の連携促進」（研究代表者：木下勇）プロジェクトが採択され、RISTEX等の研究成果を社会に実装するために2011年2月に設立された一般社団法人子ども安全まちづくりパートナーズ（代表理事：山本俊哉）がチームに加わりました。そして、地震に伴う津波だけでなく、大雨に伴う土砂災害などの多様な災害からの逃げ地図づくりのワークショップを全国各地で開催し、地域や学校での取り組みを促進するマニュアルの開発を進めてきました。これらの研究を通して開催した逃げ地図づくりワークショップのアーカイブス（記録）や開発したマニュアルは、「逃げ地図ウェブ」（nigechizu.com/）で無料公開しています。これらの教育的な効果が高く評価され、私たちチームを構成する4団体が「逃げ地図づくりを通した世代間・地域間のリスク・コミュニケーションの促進」と題する業績により、2018年日本建築学会教育賞（教育貢献）を受賞しました。

この本は、逃げ地図はどのようにつくるのか、その基礎的な知識と実践的な手法を分かりやすく解説した入門書です。マニュアルを読む前に、あるいは逃げ地図づくりワークショップを開催する前に、逃げ地図づくりを理解していただきたく、私たちチームのメンバーが分担して執筆しました。全6章で構成されていますが、どこから読んでもかまいません。全国各地で逃げ地図づくりを実践されている方々からいただいたコメントをコラムとして掲載しましたので、あわせてお読みください。

逃げ地図づくりを一度試してみると、理解がぐっと深まります。ぜひ、身近な地域で、はじめの一歩を踏み出してください。

2019年9月

逃げ地図づくりプロジェクトチーム
日建設計ボランティア部
明治大学山本俊哉研究室
千葉大学木下勇研究室
（一社）子ども安全まちづくりパートナーズ

目次

第2章　逃げ地図づくりのはじめかた　地域編

第3章　逃げ地図づくりのはじめかた　学校編

目次
逃げ地図
Contents

装丁
デザイン 坂本忠亮
アートディレクション 森脇環帆
扉イラスト
エルミロヴァ マリア 森脇環帆

逃げ地図とは。

災害は他人ごとではない！

絵：森脇環帆　文：山本俊哉

私たちが暮らす**日本列島は**、**別名「災害列島」**とも呼ばれます。地球を覆っているプレートとプレートの間に位置しているため、地震が多いことは周知のとおりです。また、台風の通り道に位置し、前線の活発化に伴い大雨をもたらす地理にあります。加えて近年、地球は**巨大地震の活動期**にあり、世界各地でＭ８以上の地震が続発しています。また、地球温暖化に伴う**気候変動により台風が大型化**し、

記録的な豪雨が多発するなど、異常気象が続いています。

こうしたことから、日本列島の各地で地震や大雨による災害が毎年頻発しています。特に西日本豪雨が発生した２０１８年は、その年の世相を表す漢字に「災」が選ばれたほど各地で災害が多発しました。その西日本豪雨では、気象庁が数十年に一度の重大な災害が予想される「大雨特別警報」を発表した後に記者会見をするなど警戒を繰り返し呼びかけましたが、避難しなかった人々が多数いました。「自分だけは大丈夫」と思い込んでしまう心理的傾向の**正常性バイアス**が働いたとされています。テレビを通して見る災害や被災地の映像は、ブラウン管の向こう側の他人ごとと受け止められていたきらいがあります。

西日本豪雨で被害にあった市町村は、住民にハザードマップを配っていました。洪水の範囲も土砂災害の現場も、ハザードマップで予測した区域とほぼ重なっていました。**ハザードマップは、過去のデータと現在の科学的知見を合わせて作成**されているため、対象地域の災害危険度を示す精度は高いといえます。しかし、それが住民に伝わっていませんでした。

本書で紹介する**逃げ地図（正式名称：避難地形時間地図）**は、その**ハザードマップを下敷きにして作成する避難用の地図**です。ハザードマップを一歩進めて、安全な場所に避難する時間を盛り込み、いつ、どこに逃げると良いか、より早い安全なルートが一目でわかるようになっています。避難経路が色塗りされることで直感的に危険な場所と逃げる方向を理解することができます。**避難する一人一人の視点に立って、自分たちで作成**する点がハザードマップとの大きな違いです。

逃げ地図はどのようにつくる？

絵：森脇環帆　文：山本俊哉

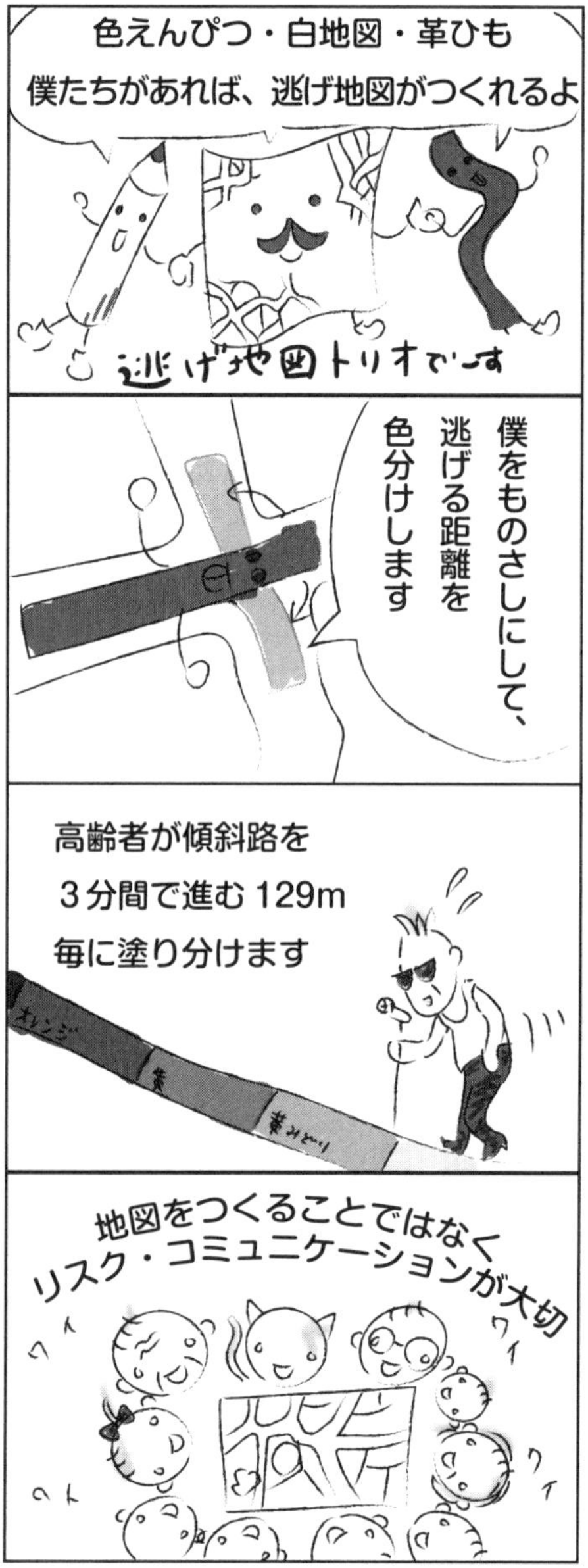
色えんぴつ・白地図・革ひも
僕たちがあれば、逃げ地図がつくれるよ
逃げ地図トリオでーす
僕をものさしにして、
逃げる距離を
色分けします
高齢者が傾斜路を
３分間で進む 129m
毎に塗り分けます
地図をつくることではなく
リスク・コミュニケーションが大切

逃げ地図は、**白地図と色鉛筆と革ひもがあれば、どこでも作成可能**です。私たちプロジェクトチームのメンバーが直接関与しなくても開催された事例も含めると、全国18都道府県36市区町村45地区、全国15小中高校（2019年9月現在）で逃げ地図づくりの**ワークショップ（体験型講座）**が開催されています。

逃げ地図づくりに使う色鉛筆は12色セットで十分足ります。**革ひもは、後期高齢者が傾斜路を3分間歩いた場合の平均距離を示した物差し**です。これまでに蓄積された科学的な知見を総合し、**歩行速度を分速43ｍ、3分間で129ｍ**を避難距離としています。私たちが逃げロールと呼ぶこの革ひもを使って、緊急避難場所などの避難目標地点から3分ごとに、緑・黄緑・黄・橙・赤・紫・茶・黒の順に色分けし、避難目標地点に最も早く到着できる方向に矢印（↓）を入れます。それを見て、避難上の留意点や課題など気がついたことを付箋に書いて地図上に示します。

小・中学生が逃げ地図を作成すると必ず、「私だったら、もっと早く到着できる！」という声を聞きます。そのとおりです。逃げ地図は、**足の悪い高齢者を基準**にした避難地図です。ただし、地図づくりが目的ではありません。逃げ地図づくりを通した**リスク・コミュニケーションの促進**、特に世代間や地域間のコミュニケーションを促進するためにつくるものですから、こうした発言は狙いどおりです。

逃げ地図は、コンピューター上でも作成可能ですが、この手法の良さは、みんなで色を塗り合い、矢印（↓）を入れるというアナログの良さにあります。色を塗りながら、気がついたことをつぶやき、それを付箋に書き留めて情報を共有するというプロセスが重要ですので、**地域に暮らす多様な老若男女**が集まり、グループワークで作成するワークショップの開催をお勧めしています。

逃げ地図づくりで気付くこと

絵：森脇環帆　文：山本俊哉

逃げ地図は、**避難目標地点と避難障害地点**を変えれば、自ずと色が変わります。つまり、新たに避難場所を確保すると、3分以内で避難できる緑色や3〜6分の黄緑色が増えるなど避難目標地点に至る時間の短縮が色で分かります。逆に、避難障害地点が増えると、避難目標地点に至る時間が長くなることも一目で分かります。したがって、逃げ地図は、一度つくったら終わりとせず、避難目標地点

をはじめ、**設定条件を変えて作成**して比較すると、様々な気付きが得られます。

例えば、南海トラフ巨大地震で大津波が予測されている高知県黒潮町では、当時建設が計画されていた**津波避難タワーの効果を確認**するため、高台に避難する逃げ地図とは別に、高台と津波避難タワーの両方に逃げられる地図を作成しました。また、夜間雨天時の避難方法が検討課題になっていたことから、**夜間雨天時の避難**を条件とするグループを編成し、他のグループが作成した逃げ地図と比較することで、夜間雨天時の避難の課題と留意事項を明確にしました。その際、夜間雨天時は暗がり・雨対策により避難を始めるのが通常よりも時間がかかるとし、緑（3分）の色を廃して黄緑から色塗りを開始しました。また、避難に係る移動時間は晴天昼間時の80％に低下するとして、革ひもの長さを調整しました。

逃げ地図づくりを早くから進めてきた鎌倉市材木座地区では、地元自治会が中心となり、地権者のお寺の協力を得て**避難階段を整備**しました。その後、逃げ地図をつくり、避難階段の整備による避難時間の短縮効果を皆で確認しました。色が変わることで避難短縮効果が一目で分かります。それにより、さらなる**避難対策に取り組むやる気**が出ます。逃げ地図づくりがＰＤＣＡのマネジメントサイクルを回す道具となっています。材木座地区では毎年、由比ガ浜をのぞむ地元の鎌倉第一中学校の中学1年生全員が自治会などの協力を得て逃げ地図作成を続けています。避難対策の改善状況の確認に加え、逃げ地図づくりの担い手を毎年生み出しています。

「逃げ地図」とは何か。なぜ生まれたのか

羽鳥　達也（日建設計ボランティア部）

「逃げ地図」は、津波を逃れるための高台までの距離と時間、避難すべき方向を、地図上の道路に色を塗ることにより、一目で分かるように表現した地図のことです。

この地図の表現方法やつくり方、ワークショップで地元の方たちと共同制作する手法は、日建設計ボランティア部の有志が開発しました。

日建設計は東京スカイツリーやさいたまスーパーアリーナなど、大きな建物の設計を手掛けてきた設計事務所です。数万人が利用するような大きな建築の設計には、火災や地震でも多くの人が安全に避難できるように、高度な避難計画とその計画を評価・検証する能力が必要になります。それは建築士の重要な職能の一つです。逃げ地図は、こうした建築設計の避難検証の手法を、地図上の検証に応用することで誕生しました。沿岸地域の高台や避難ビルを建築計画における避難口に見立てることで、その地域のどこが避難に時間がかかるのか、分かるようになったのです。

逃げ地図の開発は、東日本大震災の直後にある地域を訪れた際、被災者である知人から聞いた一言がきっかけで始まりました。

余震も度々発生している最中、それでも多くの被災者は沿岸部で行方不明者の捜索や瓦礫の撤去を

していました。その知人も家族総出で捜索の手伝いや、所有する工場から使えるものを運び出したりしていました。彼はいつも家族が心配だったようで「俺はどうなってもいいけど、次の津波で家族が死んだら、俺は死んでも死にきれない。」と漏らした一言が、大津波によって多くのものを失い、次の災害への備えが十分でないこと、無数の漠然とした不安にさらされている状況を物語っていました。

一方で、津波の被害は、被災した人と被災していない人の差が極端で、浸水しなかった高台に仮設の避難所をつくろうとしても、その土地の所有者と話し合いすらできないことを耳にしました。

また別の知人は「瓦礫の片づけはいいから、専門家にしかできないことを考えてほしい。」と言ってくれました。このような被災地での切実な思いを直に伺い、何かできないかと思ったものの、我々は彼らにアドバイスしたくても、その地域のどこがどう安全なのか、危険なのか、どういう状況の時にはどうすればいいのか、具体的に知る術を持っていないことに気が付いたのです。

検討を始めるにあたって、一つだけこれだけは止めようとみんなで決めたことがありました。それは「無責任な夢や希望を描かない」ということでした。

それは当時、復興後の未来を描いた夢のような街の未来像の絵を被災地でも度々目にしました。描いた人は良かれと思って描いていたのでしょうが、街の人々の反応は冷ややかでした。被災前でも高齢化が進み、過疎化が進行していたのにこんな街になるわけがないと、怒りにも似た反応を目にしたことがあったからです。

震災から数か月経った2011年の夏ごろ、業務時間外に節電で空調が止まったオフィスの一室に私たちは集まり、何ができるのか考えていました。当初は何を考えたらよいか全く分からず暗中模索の状態でしたが、あるとき地図が図面のように見えてきたのです。考えてみれば、私たちが設計している大規模建築のほうが、小さな集落より面積も大きく、避難計画に見込まなければいけない人数も多く危険であることに気が付きました。地域と大規模建築は多くの人が過ごし、いざという時には多くの人が避難できるようになっていなくてはならないという点において同じだったのです。

そこでまず、地域の危険性、安全性を理解するために、浸水リスクと避難リスクを表現することからはじめました。浸水リスクは津波の履歴を地元の資料から調査し、重ねることで理解が進みました。波の方向や海中まで含んだ地形との関係によるのでしょうが、必ずしも標高に依存しない場所もある事が分かり、どこに逃げれば安全かというのは、歴史に学びつつ、最終的には住民の判断が地域の防災計画をつくる上で重要であることが分かりました。

次に避難リスクの表現ですが、これに最も時間がかかりました。実際の災害時には道も私有地も関係なく逃げることになると思いますが、試行錯誤の末、避難し易さを分かりやすくかつ、平等に評価するために、道路に特定し先ほどの浸水したことがない場所までの時間と距離を色分けにより表示することにしました。後期高齢者が10％勾配の坂を上る際、1分間で43m程度進むとされています。これをもとに3分間ごと、つまり129mごとに色分けをしています。高台まで最長3分間かかる範囲を緑、6分間の範囲を黄緑、9分間は黄色などと、安全なところから時間がかかる方に、緑から赤方向に色が変化していくように描くようにしました。

ゴールとルート上の危険度が分かるようになると、どこにいるとどちらに逃げればいいのか、どの方向が最短かも分かるようになり、詳細な避難地図になることが分かりました。これが地域で指定されていた避難所に避難して多くの方々が亡くなられたことを教訓とし、「自ら考えて逃げる」指標になると思えるようなものになっていきました。

「浸水」と「避難」、この二つのリスクを重ねて表示することで、地域をより安全にするための提案に際し、きめ細かな立案が可能になることも分かりました。ひとくくりに浸水域といっても、浸水のしやすさは場所によって異なり、日本の沿岸部は地形が複雑なこともあり、道路が均等に敷かれていないため、避難にかかる時間も場所によって異なります。

逃げ地図の特徴はそのリスクの性状が一目で分かることです。これにより、どこに道を足せばより避難しやすくなるのか、集会所（兼避難所）や避難ビルなどを建てるとすればどこが適切なのか、いままで明確には分からなかったことが専門家でなくても容易に分かるようになります。共有が可能になると、施策が有効なのかどうか、その施策の価値が判断できるようになるのでコンセンサスも得やすくなるだろうと考えました。

逃げ地図はこのように、被災地になにか提案できないかと考えた私たちが、まずその地域を理解するために、その地域のリスクを表現しようとしたところから生まれました。そしてその表現を可能にしたのは、大規模建築物の避難計画を検証する方法だったのです。

第1章

逃げ地図のつくりかた 基本編

逃げ地図づくりのステップ

日建設計ボランティア部

逃げ地図は、以下の5つのステップを通して作成します。詳しい説明は後述しますが、概要は左記の通りです。

1　逃げ地図をつくる範囲を設定する

逃げ地図は、白地図に色を塗って作成するため、印刷する白地図の範囲を設定します。

2　白地図やその他道具を用意する

1で設定した範囲の白地図と逃げ地図を描くために必要な革ひもや色鉛筆などの道具を用意します。

3　避難目標地点を設定する

避難上安全な場所をハザードマップや過去の被災履歴等から相対的に判断して避難場所を決めて逃げるためのゴールを設定します。

4　避難障害地点を設定する

地震による倒壊や大雨による冠水など、災害時に避難の障害になる場所を設定します。

5　避難時間を可視化する

避難場所までの避難時間を可視化するために地図上の道路や通路を3分間ごとに色分けします。

1 逃げ地図をつくる範囲を設定する

はじめに行うのは、**どんな災害を想定するかの確認**です。想定する災害は多岐にわたります。例えば地震に伴う災害は、建物倒壊や津波のほか、土砂災害や地震火災も想定されます。大雨に伴う災害は、土砂災害（がけ崩れや土石流、地滑り）や洪水等の水害が想定されます。また、地震に伴う津波とがけ崩れ、大雨に伴う土石流と洪水など複合災害も考えられます。ハザードマップを見て、その地域で考えられる災害を選択する必要があります。

次に、逃げ地図の作成範囲の設定です。例えば自分が住んでいる地域を対象とした逃げ地図をつくる場合、作成範囲の決定にあたり考慮しなければならないことがあります。それは、災害は自宅付近にいる時だけでなく、買い物などで外出している時に発生する場合もあるため、対象地区外に避難した方が安全な場合もあります。そのため、逃げ地図の作成範囲は、対象地区の周辺部も入るように少し広めに設定することが望ましいです。

例えば、津波からの逃げ地図の作成範囲は次の手順で設定します。

① 活動範囲（自宅や職場、買い物等をする場等）を確認する。
② 活動範囲付近の津波の浸水域を確認する。
③ 浸水域と周辺内陸部を逃げ地図の作成範囲とする。

浸水域については、各都道府県や市町村において、想定される災害の種別にハザードマップや被害想定マップ等を作成していますので、関連するウェブサイトで確認できます。

市町村によっては、避難場所などを記した防災マップなどに浸水想定区域や災害警戒区域などが記されている場合がありますので、詳しくは市町村の防災担当課に問い合わせてみるとよいでしょう。

2 白地図やその他道具を用意する

逃げ地図の作成範囲が設定できたので、次に逃げ地図をつくるうえで必要となるものを用意しましょう。

まず、さきほど設定した逃げ地図の作成範囲を包含する大きな白地図を用意します。白地図の縮尺は、移動手段が徒歩の場合は1／2000又は1／2500、車の場合は1／5000を目安にすることをおすすめします。この縮尺であれば、まちの大きさにもよりますが、A1またはA0サイズに日常生活の活動範囲が収まります。そして、ワークショップで5～6人で地図を囲んだ時に取り組みやすい大きさになります。白地図の入手方法は、大きく次の5つの方法があります。なお、地図によってはコピーや配布を禁止または制限しているので、規約等を確認しながら利用しましょう。

① 市役所や役場で白地図を購入する。

② 国土地理院の基盤地図情報をダウンロードし、編集した上で白地図を印刷する。

③　パスコ（航空測量会社）が無料で公開している地図ダウンロードサービスを利用して、地図を印刷する。
④　紙の地図の複写・印刷・出力などの複製（コピー）は規約で禁止になっているためゼンリン住宅地図プリントサービスにて、コンビニ等で白地図を印刷する。
⑤　市町村が作成しているハザードマップを白黒コピーする。地図のコピー・印刷・配布などは規約で禁止になっていることもあるので注意する。（詳しくは14頁参照）

地図が用意できたら、印刷します。印刷はグレースケール（白黒）で印刷しましょう。グレースケールの方が色鉛筆で塗った道の色が見やすくなります。検討したい範囲が紙の中心になるように印刷しましょう。

次に、地図をつくるうえで必要となる道具を用意します。

一つ目は**革ひも**です。革ひもは、白地図上の道路を、一定の歩行時間ごとに色を塗るための物差しとして使います。革ひもは、道路の形に合わせて変形してくれるのでとても便利で、太さは１・５〜２・０㎜のものが望ましいです。手芸店またはネット通販で購入でき、値段は１ｍあたり百円から二百円程度で購入できます。

二つ目は**色鉛筆**です。白地図上の道路を一定の歩行時間ごとに色分けて塗るために、色鉛筆は緑・黄緑・黄・橙・赤・紫・茶・黒の８色を用意します。市販の12本セットの色鉛筆を買うとこの８色はそろいます。

三つ目は、**消しゴム**です。色鉛筆で誤って色を塗った際の修正に必要となります。

四つ目は、**鉛筆削り**です。地図に色を塗ると色鉛筆の消耗が激しいので、鉛筆削りをたくさん使うことになります。

五つ目は、**マジックペン**です。地図に色を塗る前の準備として、地図上に浸水想定範囲、避難目標地点や避難障害地点を書くときに必要となります。地図上で目立つために、太いマジックが望ましいです。

3 避難目標地点を設定する

このステップでは、災害から避難する際に目標とする場所（以下、避難目標地点といいます。）を設定します。避難目標地点は、生命の安全を確保すること第一とし、ひとまず災害の被害から避難するために定める場所のことです。

例えば、津波からの逃げ地図を作成する場合、目標避難地点の設定には、津波の到達が予想される範囲の確認が必要となります。津波の予想浸水域は、ハザードマップに表示されており、都道府県または市町村のホームページで公開されている場合が多いで

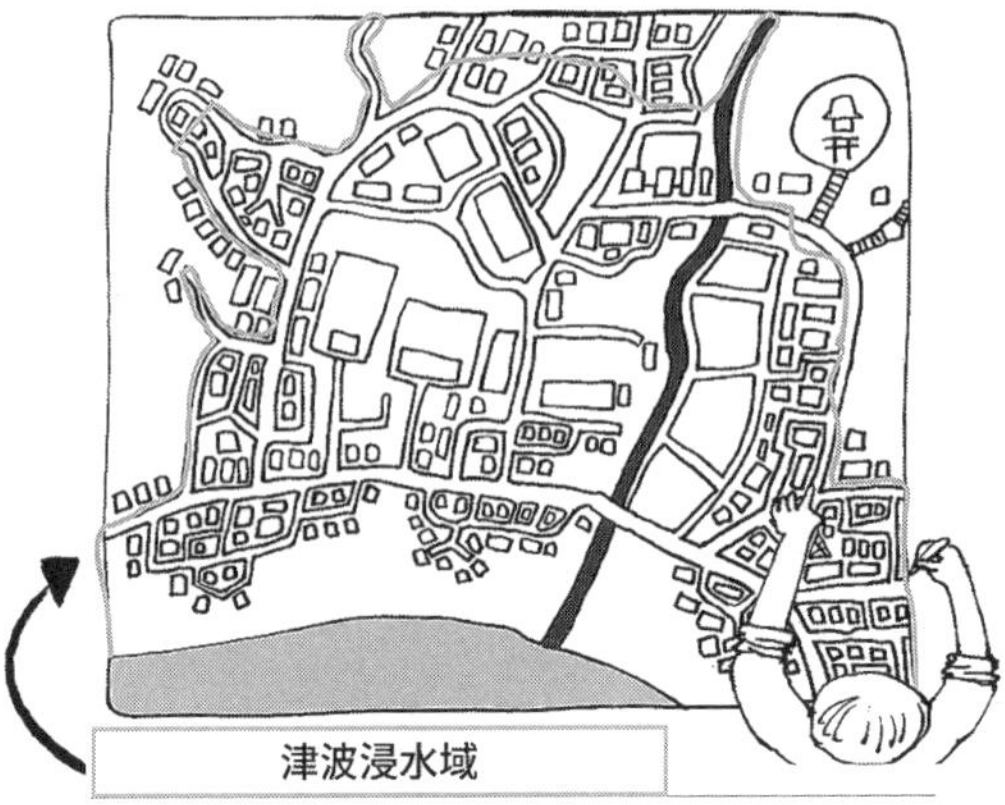

す。併せて、過去の津波浸水範囲を調査できればなおよいでしょう。

次に、調べた予想浸水域の境界線（以下、浸水ラインといいます。）を白地図に書き写します。予想浸水域と一緒に、過去の浸水域も確認し、最も広い浸水域を浸水ラインと設定することもできます。

最後に、浸水ラインと道路交点を避難目標地点として、丸印を付けます。これは、ひとまず津波の被害から避難するために予想浸水域内からその域外へ出るとした場合、浸水ラインと道路の交点まで逃げれば津波による一次被害から逃れることができると想定し、その想定のもとで設定した仮の避難目標地点となります。あくまで仮の避難目標地点であり、ワークショップ等で逃げ地図をつくる際は、参加者同士よく話し合いこの目標避難地点の設定についてよく検討する必要があります。

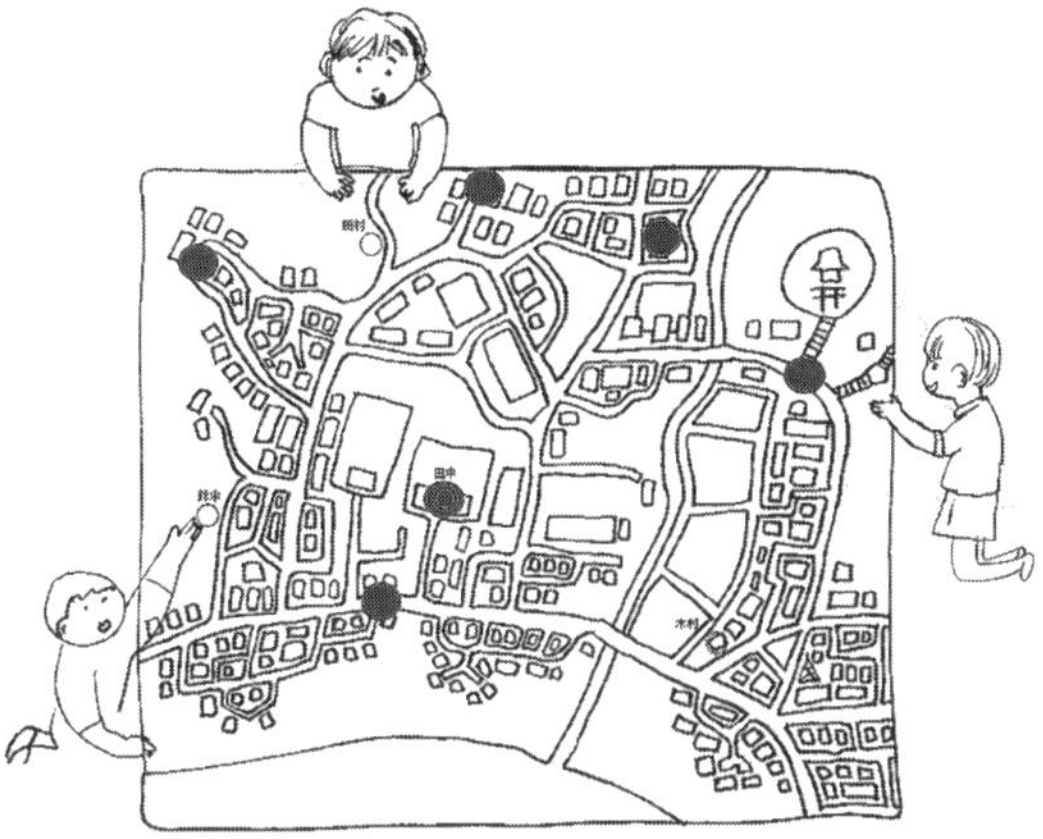

4 避難障害地点を確認する

このステップでは、災害の危険から避難する際に、通行の危険性が高く、避難の障害となる可能性の高い場所（以下、避難障害地点といいます。）を確認します。

街の中には橋梁、倒壊しそうな老朽化した塀等のような、災害が発生した際に、避難の障害になりそうな場所があります。次のステップである「避難時間を可視化する」前に、避難障害地点を特定しておくことが安全な避難を考える上で重要になります。

例えば、津波からの逃げ地図を作成する場合、地震発生時には橋梁が地震で崩落するだけでなく、河川や水路に沿って遡上してくる津波により、河川堤防を越流して浸水するおそれがあります。そのため、橋梁を渡らず避難することが望ましいとされています。津波からの逃げ地図づくりワークショップでは、橋梁を一律、津波避難障害地点としているケースが多いです。また、

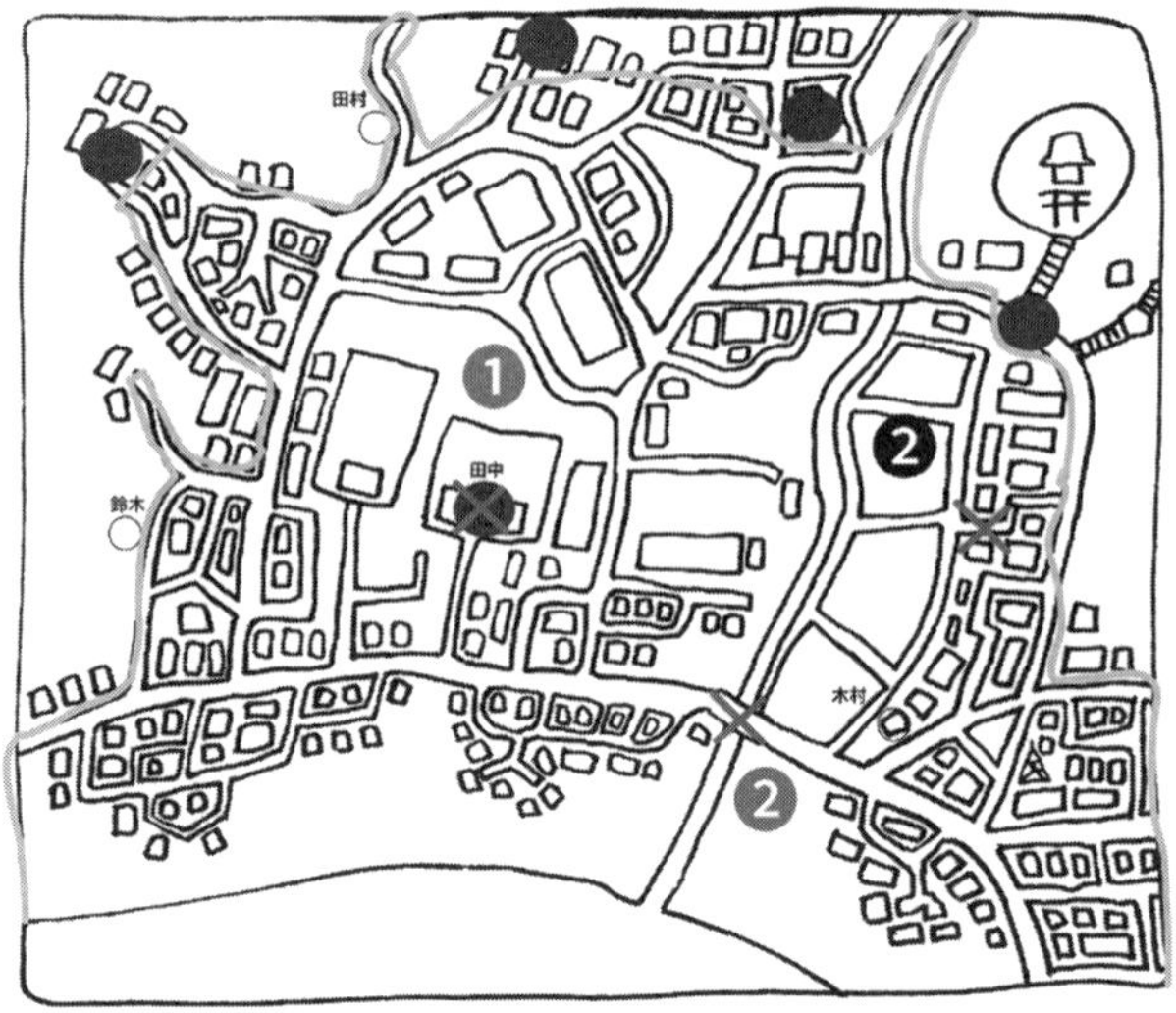

1

津波で学校がのまれてしまいそう。

2

橋が地震でこわれそう。

2

家のへいがこわれそう。

津波は地震と併せて発生する災害であることから、老朽家屋や老朽ブロック塀等の倒壊のおそれのある狭隘道路等を避難障害地点として設定することもあります。

津波と土砂災害の複合災害を想定する場合は、津波からの避難目標地点のうち、ハザードマップにある「土砂災害危険警戒区域」や「急傾斜地崩壊危険区域等」に指定されている区域の避難目標地点を除いて、逃げ地図を作成します。避難の障害となる可能性の高い場所等を地図上で確認して、任意に設定します。

5 避難時間を可視化する

ようやく逃げ地図をつくる準備が整いましたので、これから避難時間を可視化（地図に色を塗る）してきましょう。

避難時間の可視化は、避難目標地点から革ひもの長さ（避難時間3分）※ごとに、緑、黄緑、黄、橙、赤、紫、茶、黒の順番に道路に色を塗ります。

色塗りにあたってのポイントは、ある色を塗り終えた後で、次の色を塗っていくことです。複数の避難目標地点から縦横無尽に通る道路に色を塗っていくため、ある色を塗り終える前に、次の色を塗ると正確に色を塗れないことがあり、何度も色を塗り直すことになります。

避難時間を可視化するための手順

※色ぬり練習シート（例）で
練習してみよう。…→ P.20

避難場所から道に色をぬる。避難場所に向かって、逃げてくる方向に色をぬる。

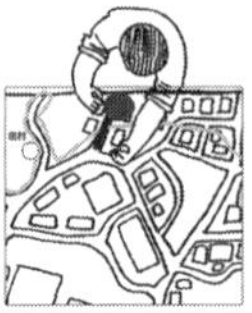

1. 緑の色えんぴつとヒモを持つ。
2. 避難場所から逆に逃げてくる方向の道にヒモをあわせる。

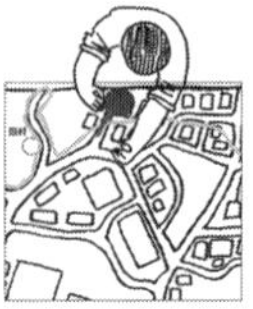

3. ヒモの長さの分、道に色をぬる。
※道がいくつかにわかれている場合、すべての道にヒモをあて色をぬる。
4. すべての避難場所から、同じように色をぬる。

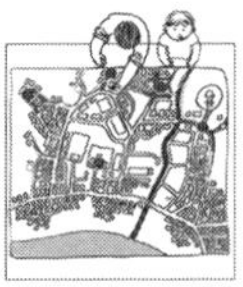

5. すべての避難場所から緑でぬりおわったら、次の色にいく。これを繰り返す。
※必ず全員が同じ色の色えんぴつを持ちながら、同時にやること。

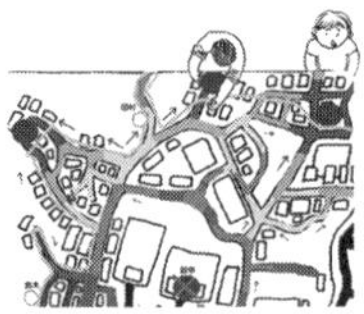

6. 全部の色がぬりおわったら、どの方向に逃げたほうが、避難場所に近いか矢印を書く。

活動のルール

■道の上に×があるところは通れない。その先は色をぬってはいけないよ。
■班のみんなで話し合い、いっしょに作業をしよう。

＋道具

■大きな地図　■ヒモ（革ひもが使いやすい）■色えんぴつ

完成した逃げ地図

田村
鈴木
田中
木村
このオレンジ色の場合、9-12分で避難場所に行けるということか！
ここは、むらさき。15-18分か。どうにか近道ができるといいな。

道路に色を塗り終えたら、最期にどの方向に逃げた方が避難目標地点に近いか、矢印を道路の横に記入していきます。

※避難の歩行速度について

高齢者の自由歩行速度は、1・0m／秒＝60m／分とされていますが、身体障がい者等の歩行困難者の歩行速度は、0・5m／秒＝30m／分に低下するとされています。東日本大震災時の津波避難実態調査結果によると、歩行速度は平均38m／分となっています（国土交通省「東日本大震災の津波被災現況調査結果（第3次報告）～津波からの避難実態調査結果（速報）～」（平成23年12月26日））。

逃げ地図づくりプロジェクトチームでは、「高齢者・障害者の道路交通計画」（秋山哲夫ほか『高齢者の住まいと交通』東京都立大学出版会、2001年）に基づき、徒歩移動が困難な高齢者を想定して歩行速度を46m／分とし、さらに山田容三「心拍数から見た山林労働者の歩行負担(2)：(京都大学和歌山演習林における実験例)」に基づき、勾配による歩行速度の低減率を考慮して、最終的に歩行速度を43m／分としました。

津波からの逃げ地図作成チェックリスト

1. 逃げ地図をつくる範囲を設定する

- □ 活動範囲（自宅や職場、買い物等をする場等）を確認したか。
- □ 活動範囲付近の津波の浸水域を確認したか。
- □ 浸水域と周辺内陸部を逃げ地図の作成範囲としたか。

2. 白地図やその他道具を用意する

- □ 白地図
- □ 革ひも・色鉛筆・消しゴム・鉛筆削り・マジックペン

3. 避難目標地点を設定する

- □ 白地図に浸水ラインを描き写したか。
- □ 浸水ラインと道路の交点を避難目標地点として、丸印を描いたか。

4. 避難障害地点を確認する

- □ 避難の障害になりそうな場所を確認したか。
（橋梁、老朽化した家屋や塀など）

5. 避難時間を可視化する

- □ 避難目標地点から、革ひもの長さごとに緑・黄緑・黄・橙・赤・紫・茶・黒の順番に、道路に色を塗れたか。
- □ 道路に避難目標地点に向かう矢印を描いたか。

COLUMN

和歌山県太地町での逃げ地図づくり

森岡　茂夫（一級建築士）

■紀伊半島は南海トラフと向き合っている

紀伊半島は本州の最南端にあります。南北に延びる山々は太平洋に迫り、町は海岸線に沿って帯状に点在しています。もし南海トラフ巨大地震が発生したら、海沿いの町にはわずか数分で津波が到達すると予測されています。地震対策とともに、津波対策は最大の課題といえます。

■津波から命を守りたい

２０１４年、一級建築士の団体である公益社団法人日本建築家協会は、和歌山地域会に災害対策委員会を設置しました。本来は大地震から家を守るのが建築士の役目ですが、全国にある災害対策委員会で初めて津波対策にも取り組むことにしました。県下には30の自治体があり、その内の半数が津波による被害が予想されています。そこで、津波からの逃げ地図をまちづくりに活かそうと自治体に呼びかけ、ハザードマップと白地図の提供をお願いしました。そして、逃げ地図づくりを始めました。

■逃げ地図はまちづくりの入口

逃げ地図は、地域住民とともに作成することで大きな成果が得られます。しかし、私たちは自治体のまちづくりに活用してもらおうと地図づくりを始め、２０１６年、要請があった15の自治体の逃げ地図が完成しました。ただ、地方には独居老人や災害要援護者の増加、建物の老朽化や放置された空き家など、防災上の課題が山積みです。例えば、要援護者の移動手段にあわせて、逃げ地図を作成し、適切な支援体制や避難施設を決定する。このように、地域の課題にあった逃げ地図も必要です。しかし、いちばんの目的はまちづくり。逃げ地図をまちづくりの入口にしよう、と活動を続けています。

COLUMN

地図作成は難しくない！ Mappin'Dropで逃げ地図ベースMAPづくり

井上　雅子（一般社団法人子ども安全まちづくりパートナーズ 研究員、セコム株式会社ＩＳ研究所研究員）

地図作成が難しいと感じたことはありますか？その理由は3つあると思っています。一つ目は、地図の規約が分かりにくい。地図の利用には、様々な規約や制限があり、利用にはその確認が欠かせません。2つ目は、地図作成ソフトを使うのは難しい。地図の作成にはＡｒｃＧＩＳ、ＱＧＩＳなど地図を作成するためのソフトを使います。これらのソフトは、使い方にスキルが必要になります。3つ目は、地図作成に必要な情報の集め方が分からない。地図をつくりたいと思ったときに、どこにどんな情報があるか分からず、市役所などから情報を集めるのも大変です。

Mappin'Dropは、これらの3つの難しさを解消してくれるサービスです。Mappin'Dropは、基盤地図情報を利用しています。基盤地図情報は、国が地図の活用を推進するために無料で公開している地図です。そのため、Mappin'DropはWeb上の無料で利用できるサービスです。

Mappin'Drop HP
https://www.pasco.co.jp/MappinDrop/

先ほど紹介した基盤地図情報は、ダウンロードし、地図づくりのソフトウェアを利用する必要があります。Mappin'Dropは、子どもでも地図をデザインできることを期待して開発されました。そのため、図のように、3ステップで地図の作成が完了します。さらに、Mappin'Dropは、自治体で採用がすすんでいます。そのため、自分の住む地域の必要な情報を自治体が盛り込んでMappin'Dropを通して公開してくれています。例えば静岡県袋井市は、Mappin'Dropを採用し、公共施設情報を提供しています。国はオープンデータの活用を推進しています。逃げ地図をはじめ地域活動を支援する地図情報の利用が加速し、地図づくりは簡単で楽しいと思ってもらえると嬉しいです。

地図作成は難しくない！　Mappin'Dropで逃げ地図ベースMAPづくり

■地図作成が難しい理由

①地図の利用には、様々な規約や制限がある
- 地図をコピーしてはいけない
- 個人利用はしてもよいが、配布してはいけない
- 引用元を表示しなくてはいけない

※地図の種類によって規約は異なる

②地図作成ソフトを使うのは難しい
地図作成ソフトウェアの例
- GISソフトウェア（ArcGIS、QGIS）
- CAD、BIMソフトウェア

③地図作成に必要な情報の集め方が分からない
オープンデータの例
- 国土地理院の基盤地図情報
- 自治体のオープンデータ

■Mappin'Dropとは？

Mappin' Drop
Mappin' Drop®
HERE!
地図を手軽に作成！ Mappin' Drop
(マッピン ドロップ)

Mappin'Drop（マッピンドロップ）は、ユーザーが自分でデザインした地図を画像としてダウンロードできるサービスです。
ベースの地図には、オープンデータ化された地形図を使用し、でき上がった案内地図は画像でダウンロードできるため、さまざまな場面で活用できます。

■Mappin'Dropを逃げ地図作成に使ってみよう

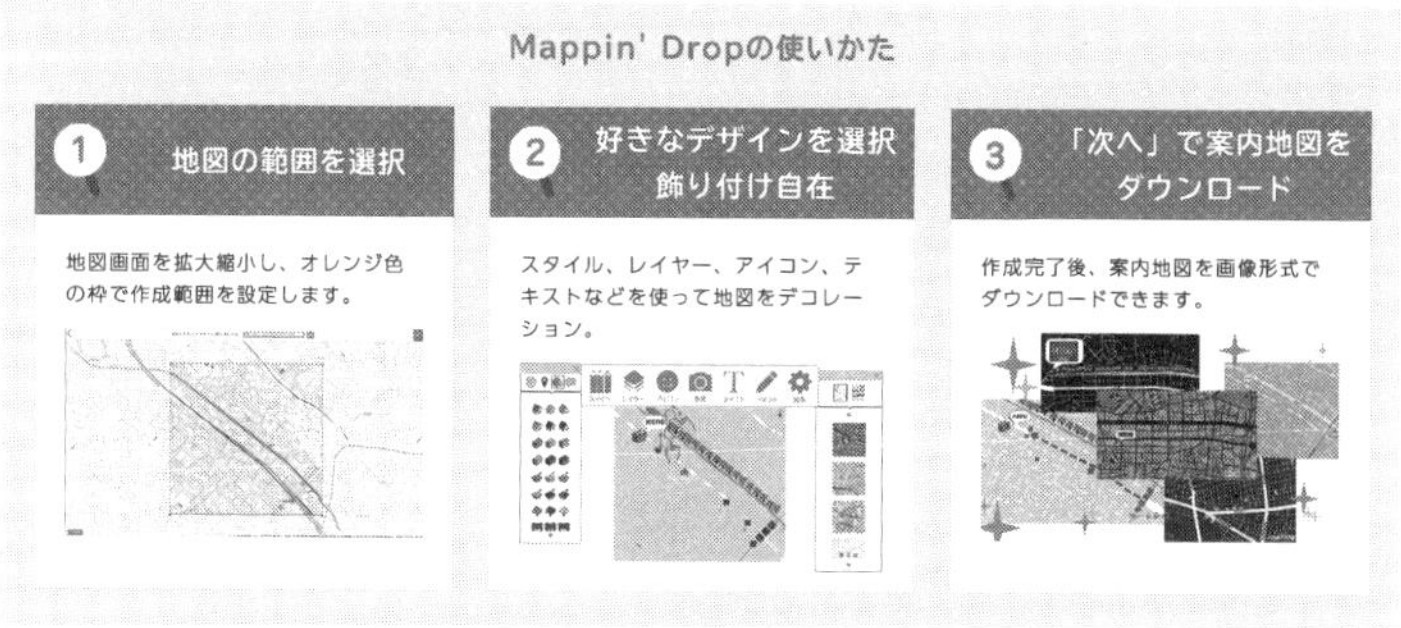
Mappin' Dropの使いかた
1 地図の範囲を選択
地図画面を拡大縮小し、オレンジ色の枠で作成範囲を設定します。
2 好きなデザインを選択 飾り付け自在
スタイル、レイヤー、アイコン、テキストなどを使って地図をデコレーション。
3 「次へ」で案内地図をダウンロード
作成完了後、案内地図を画像形式でダウンロードできます。

Mappin'Drop HP　https://www.pasco.co.jp/MappinDrop/

第2章

逃げ地図づくりのはじめかた

地域編

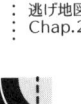

地域ではじめる逃げ地図づくり

山本　俊哉

1 誰と逃げ地図をつくるか？

みんなで逃げ地図をつくる

逃げ地図は、白地図と色鉛筆と革ひもがあれば、ひとりで作成することもできます。作成する地域や範囲と縮尺、想定する災害によってかかる時間は異なりますが、2～3時間あれば、作成可能でしょう。黙々と色を塗り、矢印をいれることも。決してつまらない作業ではありませんが、同じ地域に暮らすみんなでわいわい言いながらつくった方が楽しいですし、もっと短時間で作成することができます。何よりも、同じ地域に関わる様々な立場の人々の間で災害からの事案に関する情報を共有することができるし、逃げ地図を作成して気付いたことを意見交換すると、様々な視点からの意見や気付きを得ることができるでしょう。こうした対話や意見交換を通した意思の疎通は、その地域の災害のリスクに関する相互理解を深め、信頼関係の構築にも役立つはずです。

こうしたリスクに関わる情報共有や意見交換は、**リスク・コミュニケーション**と総称されています。すなわち、地域のみんなではじめる逃げ地図づくりは、最も近い避難場所までの時間を色で示した地図をつくること自体が目的ではなく、リスク・コミュニケーションを促進することに狙いがあります。つまり、逃げ地図づくりはそのための手段であることを十分に認識して臨むことが重要です。

逃げ地図づくりのような共同作業を通して、地域が抱える課題について話し合う手法は、まちづくりの分野では**ワークショップ**と呼称して広く普及しています。本章では、同じ地域に関わる様々な立場の人々が自ら参加して、その地域の逃げ地図をつくるワークショップを開催する方法について解説します。

逃げ地図づくりの目的を確認する

逃げ地図づくりは、リスク・コミュニケーションを促進するために行うものですから、そのワークショップの開催にあたっては、何のために逃げ地図をつくるのか、改めて確認することがとても重要です。その開催目的は、その地域の防災上の課題や避難に関する取り組みの熟度に応じて、いくつかの段階があるといえます。

住民等の防災意識の啓発は、その第一歩です。地域のハザードマップをよく見て、防災や避難を自分ごととして認識し、**地域の課題について話し合う機会を創出**するという初歩的な段階です。

ある程度防災意識が高い地域では、避難場所・避難経路の検討をはじめ、徒歩による避難、要援護者の避難など、避難に関する課題を抽出するためという目的設定でも良いかと思います。例えば、東日本大震災で津波の被害があった岩手県陸前高田市小友《おとも》町では、車を使った避難に関する課題を具体的に把握するため、車による避難と徒歩による避難の2グループに分かれて逃げ地図を作成し、交差点における消防団による避難誘導方法、避難経路を表示する標識の設置等の課題を抽出しました。

すでに避難対策を講じている地域では、市町村などが指定した**避難場所が適切な位置にあるかを検証**することを目的として設定すると良いでしょう。静岡県下田市吉佐美《きさみ》地区では、吉佐美区（町会に相当する集落コミュニティ）が指定した津波からの緊急避難場所の位置とそこに至る避難経路を検証するために逃げ地図づくりワークショップを開催しました。高知県黒潮町では、町が建設する予定の津波避難タワーの効果や計画されているバイパスの整備に伴う避難時間の短縮効果を検証するために逃げ地図づくりを行ったことがあります。

さらに一歩すすめると、**計画の立案を目的として開催**する段階があります。避難場所の指定や避難経路の整備、避難訓練、要援護者の避難方法などを定めた避難計画を立案するため、さらには、地区独自の避難計画などを市町村の地域防災計画において位置づけた地区防災計画を立案するために開催すると効果的です。これについては、「第5章　逃げ地図のその先」で述べることにします。

誰と一緒に逃げ地図をつくるか?

逃げ地図づくりワークショップは、リスク・コミュニケーションの手段ですから、性別や世代に偏りがなく、できる限り**多様な関係主体の参加**が望まれます。防災意識を啓発し、避難に関する課題を抽出する上でも、属性や立場の異なる多様な関係主体の参加を得て、様々な意見を出し合い、相互の意思疎通を図ることが望ましいです。特に、**青少年と高齢者の両者の参加**は、世代間の交流や次世代の育成の観点から重要です。

先に述べた下田市吉佐美地区では、吉佐美区の理事や民生委員、防災委員のほか、朝日小学校のPTA役員（女性）や下田中学校の女子中学生の参加を得て開催されました。その結果、集落単位の避難ではなく、より近く安全な場所への避難を第一に考える必要であり、指定の避難場所への避難にとらわれないことが重要との意見が出されました。また、参加した中学生からはルールに縛られすぎると危険な場合があるという賢明な意見など、多様な観点から避難に関する意見が出されました。

逃げ地図づくりワークショップは、指定された緊急避難場所以外の場所への避難や階段・通路等を経た避難も検討するため、それらに関する**できる限り正確な情報を得る**必要があります。また、災害からの避難のリスクに関する正確な情報を関係主体間で共有するため、避難場所や避難経路に関する地域の実情に詳しい関係主体の参加を得ることが望まれます。陸前高田市広田町では、第一回のワークショップで中学生らが作成した逃げ地図をベースに、第二回のワークショップで消防団員らがそれを点検・修正して、より正確な情報に基づいた逃げ地図を作成したことで、より精度の高い逃げ地図を作成することができました。第三回は漁協女性部のみなさんが参加し、過去二回のワークショップで作成されたコメントを参照しながら議論したことで、より深い議論に発展しました。

ワークショップの主催者は誰？

逃げ地図づくりワークショップは、外部支援団体の全面的な協力を得る場合であっても、自主防災活動を推進するため、**地元の関係主体の団体が主催**することが望まれます。例えば、陸前高田市小友町地区では、消防団の発意で逃げ地図ワークショップが企画されましたが、広く地元住民やＰＴＡ関係者の参加を得るため、小友地区コミュニティ推進協議会と陸前高田市消防団小友分団が主催することにしました。

作成した逃げ地図を活用した避難計画の立案や避難場所の整備などを視野に入れ、**市町村や都道府県の関係部局の後援**を得ることが望まれます。陸前高田市広田町では、地元住民が主体となり、逃げ地図づくりを起点とした防災活動と復興まちづくりをすすめるため、広田地区集団移転協議会が逃げ地図ワークショップの主催団体になり、陸前高田市と岩手県沿岸広域振興局の後援を得て開催しました。そのワークショップで作成された逃げ地図は、岩手県沿岸広域振興局が入っている合同庁舎のロビーの展示コーナーで展示されるとともに、復興事業で行われた県道整備や野外活動センター整備の計画検討でも活用されました。

2 どこの逃げ地図をつくるか？

想定する災害は？

災害は、地震や大雨などの自然現象を起因とし、地形条件や建物の構造などの「素因」に応じて発生します。つまり、地震や大雨に襲われても、どこに居るか、どんな構造の建物かによって、被災の程度は異なりますし、避難しなくても良い場合があります。また、建物の老朽化や人口の高齢化などの「拡大要因」に応じて被害が拡大することから、その地域の脆弱さも念頭に置く必要があります。

逃げ地図づくりワークショップの開催にあたっては、想定する災害の種類を決める必要があります。すなわち、**想定する自然現象は地震か、大雨か**。それに伴う津波、あるいは土砂災害や洪水など、どんな種類の災害からの逃げ地図をつくるかを決める必要があります。

地震に伴う災害は、建物倒壊や津波のほか、土砂災害や地震火災も想定されます。大雨に伴う災害は、土砂災害（がけ崩れや土石流、地滑り）や洪水等の水害が想定されます。地震に伴う津波とがけ崩れ、大雨に伴う土石流と洪水など**複合災害も想定する必要**があります。

伊豆半島に位置する下田市や河津《かわづ》町、南伊豆町では、南海トラフ巨大地震に伴う津波対策が重要な課題になっていますが、地震または大雨による土砂災害の危険性もあることから、津波からの逃げ地図だけでなく、津波とがけ崩れの複合災害を想定した逃げ地図も作成しました。

岩手県立住田高校では、生徒の居住地をもとに、内陸部にあり津波の影響のない岩手県住田町とその隣の陸前高田市横田町から通う生徒は土砂災害と洪水からの逃げ地図を作成し、その他の陸前高田市と大船渡市の地区から通う生徒は、津波からの逃げ地図を作成し、それぞれの地域の防災上の課題を共有しました。

ハザードマップを調べる

その地域で起こりうる災害の種類は、ハザードマップを見れば分かります。各都道府県や市町村では、想定される災害の種別にハザードマップや被害想定マップ等を作成して、関連するウェブサイトで情報公開しています。市町村によっては、避難場所などを記した防災マップなどに浸水想定区域や災害警戒区域などが記されている場合があります。土砂災害については、各都道府県が土砂災害防止法に基づく基礎調査結果を公式ウェブサイト上で公開しているので、それを参照するとよいでしょう。洪水についても、流域単位で堤防を溢れた場合の洪水を想定しているため、市町村ではなく都道府県のウェブサイトに掲載されている場合があります、

国土交通省ハザードマップポータルサイト（https://disaportal.gsi.go.jp/）は、各市町村が作成したハザードマップとリンクしていますし、洪水・土砂災害・津波の災害リスクや道路防災情報、土地の特徴・成り立ちなどを地図や写真に自由に表示できるので、一度アクセスしてみたらどうでしょうか。

どの範囲の逃げ地図をつくるか？

逃げ地図を作成する範囲は、災害の種類に応じて異なります。土砂災害は、土砂災害のリスクの高い地域を中心にして、参加する人々の居住者等を勘案して範囲を設定することになりますが、津波および洪水からの逃げ地図の作成範囲の設定にあたっては、谷地や流域などの地形的なまとまりに留意する必要があります。

例えば、土砂災害からの逃げ地図を作成した秩父市の久那《くな》地区と上白久《かみしろく》地区と下白久《しもしろく》地区はいずれも町会単位で逃げ地図を作成しました。ただし、久那地区の巴川町会の南端部は、巴川町会が想定していた緊急避難場所に行く途中に、大雨で斜面が崩落したことのある土砂災害の危険性が高い地区があり、隣の中久那町会の緊急避難場所に避難した方が安全なため、中久那町会の逃げ地図にはこの部分を加えました。

一方、気仙沼市の津谷川流域における津波からの逃げ地図は、東日本大震災の津波浸水区域が収まるように区域取りし、２５００分の１の白地図を６枚貼り合わせました。

3 ワークショップのプログラムをつくる

テーマを設定する

逃げ地図づくりのワークショップの案内は、「みんなで一緒に逃げ地図を作成しよう」でも十分ですが、逃げ地図づくりを通して意見交換するテーマをあらかじめ設定することが望ましいと思われます。テーマは、ワークショップを開催する目的、参加対象者、避難関連情報を踏まえ、**その地域の避難に関する課題に即して**設定すると良いでしょう。

例えば、高知県黒潮町では、夜間雨天時の避難方法が検討課題になっていたことから、それをテーマとして設定しました。そして、夜間雨天時の避難を条件とするグループを編成し、他のグループが作成した逃げ地図と比較することで、夜間雨天時の避難の課題と留意事項を明確にしました。その際、夜間雨天時は暗がり・雨対策により避難を始めるのが通常よりも時間がかかるとし、緑色（3分）の色塗りを廃して黄緑色から色塗りを開始しました。また、避難にかかる移動時間は晴天昼間時の80％に低下するとして、革ひもの長さを調整しました。また、下田市吉佐美地区では、区指定の避難場所23か所中3か所が急傾斜地崩落危険箇所等と重なっていたことから、土砂災害も考慮した逃げ地図づくりをテーマとして設定し、土砂災害を考慮したグループと考慮しないグループに分けて、逃げ地図を作成しました。

避難に関する想定条件を設定する

逃げ地図は、避難目標地点と避難障害地点を変えれば、自ずと色が変わります。つまり、新たに避難場所を確保すると、避難目標地点に至る時間の短縮が色で分かります。逆に、避難障害地点が増えると、避難目標地点に至る時間が長くなることも一目で分かるようになります。したがって、複数の班に分かれてワークショップ形式で作成する場合は、**避難目標地点と避難障害地点の設定条件**を変えて逃げ地図を作成することが望まれます。

例えば、下田市白浜地区では、3班に分かれ、それぞれの避難目標地点を、①海抜20ｍと道路等との交点、②海抜10ｍと道路等との交点、③自主防災組織が指定した緊急避難場所として逃げ地図を作成して、指定した緊急避難場所の妥当性を検証しました。

このように津波の避難目標地点は、津波浸水区域をどこに設定するかがポイントになります。東日

陸前高田市で開催された逃げ地図づくりワークショップにおける避難に係る条件の設定

地区名	WS実施日時	避難目標地点設定条件	避難障害地点設定条件	その他逃げ地図作成条件
高田東学校区	2013/09/22 03:30-16:00	①東日本大震災時の津波遡上ラインとの交点 ②現況の土地利用 A 避難所への通路あり／B 避難所への通路なし	米崎町の河川・水路に架かる橋梁は一律通行不能として設定した。	米崎町/小友町/広田町の3地区に分け、米崎町のみ左記A、Bの条件で作成
小友町地区	2014/03/15 14:00-16:30	①東日本大震災時の津波遡上ラインとの交点 ②現況の土地利用 A 車両通行可道路のみ／B 車両通行不能通路含	特に設定なし （該当する橋梁がなかったため）	小友町を東西2地区に分け、それぞれ左記A、Bの条件で作成
広田町地区	2014/08/05 2014/08/24 2012/09/21	①東日本大震災時の津波遡上ラインとの交点 ②震災復興事業（高台移転・防潮堤・県道等の整備）完了後の土地利用	特に設定なし （該当する橋梁がなかったため）	町内7地区に分けて作成。WSは連続開催したが、同一地区に修正加筆
米崎町地区	2014/10/17 2014/12/07	①東日本大震災時の津波遡上ラインとの交点 ②震災復興事業（高台移転・防潮堤の整備）完了後の土地利用	特に設定なし （復興事業に会わせた架橋検討の必要性が高かったため）	12/07は町内3地区に分けて作成。

下田市・河津町で開催された逃げ地図づくりワークショップにおける避難に係る条件の設定

地区名	WS実施日時	避難目標地点設定条件	避難障害地点設定条件	その他逃げ地図作成条件
下田中学校区	2014/02/14 13:30-15:20	①　海抜20m（想定津波遡上ライン）と道路通路の交点 A 避難ビルへ避難不可／B 避難ビルへ避難可	河川に架かる橋梁は一律通行不能として設定（河津・吉佐美も同様）	学校区内を5地区に分け旧市街地3地区のみ左記A、Bの条件で作成
河津中学校区	2014/12/11 13:00-15:00	①　海抜20m（想定津波遡上ライン）と道路通路の交点 A 土砂災害を考慮／B 土砂災害を考慮せず	河川に架かる橋梁は一律通行不能として設定Aは土砂災害を考慮	学校区内を5地区に分けうち2地区は左記Bの条件で作成・比較。
吉佐美地区	2014/12/11 19:00-21:00	①地元推定の緊急避難場所 A 土砂災害を考慮／B 土砂災害を考慮せず	土砂災害による通行止めは適宜設定	4班が左記A、Bの条件で2班ずつ分かれて作成
河津南小校区	2015/02/04 13:15-15:00	①海抜20mとの交点 ②学校屋上避難不可／①海抜20mとの交点 ②学校屋上避難可能 A 土砂災害を考慮／B 土砂災害を考慮せず	河川に架かる橋梁は一律通行不能として設定Aは土砂災害を考慮	学校区内を3地区に分け11班が左記A、B及び②の条件で作成・比較。
下田白浜地区	2015/02/04 20:00-21:00	A 海抜20mと道路等の交点／B 海抜10mと道路等の交点／C 地元指定の緊急避難場所	特に設定なし。土砂災害についてはWS中に意見を求めた。	3班に分かれて左記A、B、Cの条件で作成。

出典：山本俊哉・白幡玲子・山中盛・井上雅子・大崎元・羽鳥達也・木下勇「逃げ地図作成ワークショップにおける避難に係る条件の設定方法―逃げ地図を活用した津波防災まちづくりに関する研究（4）―」日本建築学会（関東）学術講演梗概集、2015年9月6日

本大震災の被災地では、東日本大震災では、従前のハザードマップで想定されていたよりも高いところまで津波が遡上しました。津波や洪水の場合は、最悪の状況を想定して**より高い位置に浸水区域を設定**すると良いといえます。一方、津波や洪水の**浸水区域内の頑丈で高い建物**は緊急避難場所として設定し、それによる短縮効果を確認し、万一の場合の利用について議論することも重要です。

車による避難は、時と場所によっては渋滞に巻き込まれて避難できないおそれもあります。災害時の避難は徒歩が原則ですが、車を利用する場合の課題を想定して、**避難手段を徒歩の場合と車の場合**の逃げ地図を作成して比較すると良いでしょう。

京都府福知山市で行われた洪水からの逃げ地図づくりでは、ちょっとした雨でも冠水する道路を避難障害地点として逃げ地図を作成したところ、避難に伴う渋滞がリアルにイメージできて効果的であったという感想が複数の参加者から寄せられました。

試しに逃げ地図を作成してみる

逃げ地図づくりは、一度経験すれば、二回目からは色塗りの手順などコツがつかめます。グループワークでつくる場合は、そのグループ（班）に一人でも逃げ地図づくりの経験者がいると円滑にすすみます。単なる司会進行ではなく、会議を建設的なものになるように働きかける役割を担う人を**ファシリテイター**と言いますが、逃げ地図づくりをリードする人は色塗りや矢印入れに加えて、避難に関する課題や意見を引き出すので、まさにそのファシリテイターの役割を担います。

本番の逃げ地図づくりワークショップの前にそうしたファシリテイターを担う人を集めて、試しに逃げ地図を作成してみることをお勧めします。そうしたことで作成の手法や手順、段取りが分かりますし、逃げ地図づくりにどのくらい時間がかかるか、実感を持って理解することができます。避難に関する想定条件の設定も試しに逃げ地図を作成すると明確になるでしょう。

日本青年会議所の国土強靭化委員会では、2019年の活動方針の柱に、逃げ地図づくりの全国的な展開を掲げました。その起点になったのが、全国各地の青年会議所のメンバーが一同に会する毎年恒例の京都会議での逃げ地図づくりでした。それ以降、京都府福知山市、石川県金沢市、埼玉県坂戸市などで数十人集めた逃げ地図づくりワークショップを展開してきましたが、いずれも何人かが事前に逃げ地図づくりを体験しました。一度でも体験した者が本番の逃げ地図づくりのファシリテイターになったため、限られた時間の中で逃げ地図を作成することができました。

ワークショップの基本プログラム

逃げ地図づくりワークショップの基本的なプログラムは、次の①～⑤の5点です。このうち、②～④は複数の班に分かれてグループワークを行います。

①　ガイダンス

逃げ地図づくりの目的とテーマ、逃げ地図の作成方法などについて簡潔に説明します。逃げ地図の作成方法の理解を促すため、他地区の事例や動画を見せると良いでしょう。

② 避難目標地点と避難障害地点の確認

用意した地図とハザードマップをよく見ながら、避難目標地点に●印、避難障害地点に×をつける作業タイムです。ワークショップの時間が限られているのであれば、色塗りと意見交換の時間を確保するために、事前に避難目標地点の候補を鉛筆などでチェックしておくと良いでしょう。

③ 避難時間と避難方向の図示

避難目標地点から逆算して3分ごとに緑・黄緑・黄・橙・赤の順に色分けします。色分けした地図に、避難目標地点に最も早く到達できる方向の矢印（↓）を入れます。

④ 逃げ地図を見て意見交換

作成した逃げ地図を見て気がついたことなどを意見交換します。出された意見は、用意したポストイットにメモ書きして、逃げ地図に貼ります。あらかじめ意見を出しやすいように、問いを用意しておくと良いでしょう。例えば、避難に時間がかかる場所や避難しにくい場所はどこですか。災害時要援護者の避難誘導や避難階段の整備などの課題は何ですかなどをプログラムに付記しておくと意識づけられます。

⑤ 成果の発表

作成した逃げ地図を展示して、得られた成果を発表し合います。設定条件の異なる逃げ地図を作成した場合は、色分けの違いなどを比較するとよいでしょう。

ワークショップの総時間と時間配分

逃げ地図を作成する時間は、被災区域の面積や道路の密度に応じて異なりますが、これまで各地で行ってきたワークショップを振り返ると、②避難目標地点の設定から③色塗りと避難方向の図示までの逃げ地図づくりの**グループワークに概ね1時間**程度かかります。全体で行う①ガイダンスに20分、⑤発表会に20分、その前の④逃げ地図をもとにした話し合い20分をかけるとすると、逃げ地図づくりワークショップは**全体で最低2時間必要**です。

消防団とPTA役員による逃げ地図づくり
（岩手県陸前高田市小友町）

作成した逃げ地図を展示して比較する（高知県黒潮町）

土砂災害や洪水からの逃げ地図づくりでは、①ガイダンスと②避難目標地点と避難障害地点の確認がとても重要であり、十分な時間を取る必要があります。秩父市では、この2つのプログラムを行ってから別の日に③避難時間と避難方向の図示以降を実施しました。

プログラムの参考事例：高知県黒潮町明神地区逃げ地図づくりワークショップ

2015年10月24日（土）15：15～17：00　会場：漁民センター
主催：明神地区自主防災組織　　後援：黒潮町
協力：明治大学都市計画研究室、子ども安全まちづくりパートナーズほか

〈プログラム〉

1　開会挨拶　15：15
2　ガイダンス：逃げ地図の作成方法と事例紹介　15：20
3　グループワーク
　（1）　自己紹介（自宅の位置の確認　15：35
　（2）　地図と避難目標地点・想定条件の確認（10分）　15：40
　　1班：高台（海抜20m）と道路・階段等の交点までの距離
　　2班：晴天昼間時の指定避難場所までの避難
　　3班：雨天夜間時の指定避難場所までの避難
　・避難目標地点（●）の確認と設定
　・避難障害地点（×）の設定
　（3）　逃げ地図（避難地形時間地図）の作成（30分）　15：50
　・測定用ひもの長さ（129m）と色の塗り方の確認
　・避難最短ルートの色塗り確認
　　（特に、交差点など2方向に避難ルートがある場合）
　・参加者による地図の色塗り
　・色を塗った後、避難方向の矢印（→）を記入
　（4）逃げ地図を見ながら話し合い（15分）　16：20
　・避難に時間がかかる場所
　・避難しにくい場所
　・災害時要援護者の避難誘導
　・避難道路などの整備課題
　・津波避難計画の検証など
4　発表会（3分/班×3班＋意見交換、20分）　16：35

後述するように、ワークショップは1回のみのイベントにとどめずに、連続して開催することが重要です。

一方、やむを得ずどうしても1時間半程度で開催する場合は、事前の準備で②避難目標地点と避難障害地点の確認を簡潔にし、③避難時間と避難方向の図示はある程度にとどめたプログラムを組むと良いと思います。その場合でも、④逃げ地図を見て意見交換と⑤成果の発表は、それぞれ十分な時間を取ることをお勧めします。

4 ワークショップの運営方法

班の編成方法

ワークショップのグループワークは、その目的によって異なりますが、その人数は一般には**4～6人が適正**であり、**多くても8人**までが望ましいとされています。逃げ地図づくりのグループワークも、ワークショップ参加者が8人を超える場合は、1班あたり最小4人、最大8人として構成することが望ましいです。グループワークの人数があまり少ないと、色塗り作業に時間がかかる上、様々な立場からの多様な意見を交換できにくい一方、あまり多いと、色塗り作業に参加できない人が生じるし、参加者全員の意見を聞いたり、出し合ったりすることが難しくなります。

作成する逃げ地図の範囲が広い場合は、**地形や学校区等の区域のまとまりに留意**して、班を分けることが望ましいです。グループワークの班は、ワークショップの目的に応じて、想定する災害の状況や避難目標地点等の設定条件を変えて作成した逃げ地図を互いに比較するようにすると良いでしょう。

例えば、陸前高田市立高田東中学校区では、米崎・小友・広田の各小学校区に分け、さらに参加者人数の多い米崎小学校区は避難目標地点の設定条件を指定避難所（小中学校）に通じる通路の有無によって分けました。また、陸前高田市小友町地区では、東西2地区に区域分けした上、車両通行の可否によって避難目標地点の設定条件を分けて、4つの班を構成しました。

スタッフの役割分担

限られた時間内で逃げ地図づくりワークショップをプログラム通りに進行管理するためには、タイムキーパーになる全体進行係を置く必要があります。ガイダンスを行う人がそれを兼ねても良いでしょう。各班には、逃げ地図づくりの研修を受講した人または過去に逃げ地図づくりを経験したことのある人をファシリテイターとして配置することが望ましいです。それに該当する人が誰もいない場合は、参加者にその役割を担っていただきましょう。他分野でもワークショップの経験者であれば、飲み込みが早く、意見交換を促進していただけるとおもわれます。

逃げ地図づくりの成果を広く共有するためには、逃げ地図づくりワークショップの記録を残しておく必要があります。写真や動画を撮影する他、発表された意見を記録しておくことが重要です。各班で出された意見は、参加者自身が付箋紙に書いて逃げ地図上に記録することが基本ですが、学生ボランティアなどのスタッフを確保できる場合は、各班に記録係をおくと良いでしょう。各班のファシリテイターが記録係を兼ねることも可能です。

5　ワークショップの連続開催

アンケートをとる

逃げ地図ワークショップ参加者の満足度等を把握して、今後の展開を検討するために、アンケートをとることは重要です。参加者一人ひとりの評価や意見を把握し、男女や世代などの属性別の傾向を見る上でも有効な手法です。

アンケートは、気軽に回答しやすいように、質問項目は多くても5～6問程度と回答者の属性など必要最低限のものに絞り、A4用紙1枚程度にまとめることが望ましいといえます。アンケートの内容は、次なる展開を検討するため、参加者の満足度のほか、今後の避難対策や会合などへの参加意向を加えると良いでしょう。回答は、選択式をとるものの、自由記入の意見の記載が重要であることから、簡単でもコメントを書いてもらうスペースを設けると良いでしょう。

○○地区 逃げ地図づくりに関するアンケートのお願い

本日行った逃げ地図づくりについて、ご感想・ご意見をお聞かせください。

1）逃げ地図づくりは、災害からの避難に役に立つと思いますか？（○は1つ）
（　　）役に立つと思う　（　　）役に立たないと思う　（　　）どちらともいえない

ご意見

2）逃げ地図作成を通して避難計画などの対策が必要だと思いますか？（○は1つ）
（　　）そう思う　（　　）そう思わない　（　　）どちらともいえない

ご意見

3）今回のような話し合いが次回あれば、参加したいと思いますか？（○は1つ）
（　　）参加したい　（　　）参加したくない　（　　）どちらともいえない

ご意見

4）そのほか、逃げ地図や避難計画についてご意見などがありましたら、お書きください。

ご意見

・性別　（　男性　・　女性　）
・居住地（　○○地区内・○○市内（○○地区以外）・市外　）
・年齢　（10代・20代・30代・40代・50代・60代・70代・80代以上）

ご協力をいただき、ありがとうございました

ワークショップを重ねる

逃げ地図づくりワークショップは、参加者の防災意識の向上などを目的としたイベントとして開催することも有意義ですが、実施しただけで終わらないことが重要です。得られた成果と課題を共有し、それをもとに対策を講じるため、連続して開催することが望まれます。連続して開催する場合は、事前に次回開催の日程を検討しておいて、終了時に次回開催の案内をして参加を促しましょう。また、作成した逃げ地図を書き直し、発表内容や意見交換の記録を作成するなど、その都度得られた成果と課題を整理して次回に備えましょう。

逃げ地図をきれいに書き直すと、参加していない人にも分かりやすくなりますが、必須事項ではありません。重要なことはそのワークショップを通して何が得られて**何が課題として浮かび上がったか**を整理して示すことです。

逃げ地図を活用した避難訓練の開催

作成した逃げ地図を活用して、市町村が指定した緊急避難場所や身近な避難目標地点に避難する訓練を合同して行い、避難行動を共有するプログラムも連続開催に相当します。その場合の避難訓練の方法としては、防災無線等で避難開始を合図し、参加者がそれぞれ決められた**避難場所等に移動して避難時間を確認**する方法が容易です。定期的な防災訓練では、会場を避難場所に見立てて、そこまでの避難経路と避難時間を確認するとともに、集合した会場で、作成した逃げ地図とその内容を紹介し

逃げ地図の要点を説明
（秩父市久那地区）

子どもも大勢参加した避難訓練
（鎌倉市材木座地区）

避難訓練でアンケートを実施
（鎌倉市材木座地区）

て要点を説明する方法もあります。

秩父市の久那地区では、市の合同防災訓練の日に各町会単位で指定避難所等、予め定められた場所に集合し、そこで町会長が自ら連続ワークショップを通して作成した土砂災害からの逃げ地図の要点を参加者に説明して周知を図りました。この取り組みが契機になって、地区防災計画の立案に発展しました。その詳細は第5章で紹介します。

津波からの逃げ地図づくりのモデル地区として知られる鎌倉市材木座地区では、材木座自治連合連絡協議会が２０１３年5月27日の平日午前中、約８５０人の参加者を得て合同の津波避難訓練を実施しました。午前10時にサイレンが鳴り、参加者は地区内３か所の避難場所のいずれかに10時半までを目標に徒歩で避難し、その経路と時間を地図に記入するアンケートに答えました。同協議会では、研究機関の協力を得てデータを集計し、避難計画の検討に活用しました。こうした連続的な取り組みを通して、逃げ地図づくりを展開していくことが望まれます。

COLUMN

日本青年会議所における逃げ地図づくり

綾垣　一幸（日本青年会議所社会グループ国土強靭化委員会副委員長）

公益社団法人日本青年会議所社会グループ国土強靭化委員会の副委員長として、これまで逃げ地図ワークショップを担当させていただき、いくつかの点に気をつけながら事業を進めてきました。

まずは、行政と地域と青年会議所（ＪＣ）の関係性や関連性の温度差を把握することです。ＪＣが地域にしっかりと根付いているのかがとても重要で、進み具合がまったく違います。そして防災減災に対しての当事者意識の有無で取り組みのスピードが変わってきます。

全国に青年会議所と定められている数は694か所あります。会員数は約3万5000人と日本でもかなり大きな団体です。この全国に広がるネットワークを使い、情報収集をし、その中で近畿エリアの【福知山市】で第一回目の逃げ地図ワークショップとして、洪水からの逃げ地図づくりを【第一回逃げ地図ワークショップｉｎ福知山】と題し、事業として開催しました。

逃げ地図ワークショップを開催するにあたり実際に福知山の地へ何度も足を運び、調査をしました。福知山青年会議所のほか、福知山市役所、京都府など、まずは地域にコミットしている団体や行政へワークショップ参加の依頼をしましたが、各団体、行政では自分たちの取り組みがあるという理由で煙たがられるケースがほとんどです。

逃げ地図づくりはすすめ方を間違えると多くの問題が発生することもここで学びました。

逃げ地図づくりをすすめていく中でしっかりと伝えなければならないこと、それは【地図づくりではない】ということです。逃げ地図はあくまでコミュニケーションを取るツールに過ぎないということを伝え間違えると事業が成立しなくなることをここではお伝え致します。

各市役所には危機管理課（室）という防災の担当部署があります。その防災担当者はハザードマップを基に、避難場所や想定できる災害などを地図に記載し市民に防災マップとして配布していますので、その地図づくりに対して逃げ地図を作成することで市民が混乱してしまうと、防災担当者が思ってしまうようです。そこで、逃げ地図づくりはリスク・コミュニケーションを取るためのツールとして伝えることがとても重要になることをお伝えします。

第一回を通して、日本青年会議所は3万5000人の会員に対してSNSを使った情報発信をし、台風や大雨に伴う洪水からの逃げ地図づくりのほか、南海トラフの地震に伴う津波からの逃げ地図を事業として取り入れたいと問い合わせが殺到し、青年会議所のメンバーだけでなく、周りの市民や行政を巻き込んだ事業展開が始まりました。

2018年、日本青年会議所は内閣府とタイアップ宣言をさせて頂き、今年から内閣府と共に防災の事業も進めていく上で逃げ地図は災害リスクやコミュニケーションを計るツールとして今後も活用されること間違いなしと太鼓判を頂いております。

事業を通して、防災減災の意識を高め、災害に強いまちづくりツールのひとつとして、今後は日本だけでなく、津波や水害に苦しむ世界へ日本青年会議所より、世界に広がるJCIのネットワークへ提言していくことも検討しています。

国連が定めるSDGsを設定し、逃げ地図づくりと事業を掛け算することで防災減災へ何歩も前へ進んでいきたいと考えています。

COLUMN

高知県黒潮町での逃げ地図づくり

今西　文明
（高知県幡多郡黒潮町役場
佐賀分団地域職員リーダー　海洋森林課課長）

2012年3月31日南海トラフ地震想定最大震度「7」、津波到達（1m）8分、最大津波高34mという衝撃的な公表が高知県及び内閣府からされました。この公表はあまりにも本町にとっては衝撃的であり、多くの住民から「町が消えてしまう」「あきらめ」の声が聞こえ、津波からの逃げるのをやめるいわゆる「避難放棄者」を多く生み出すような危機感が広がりました。こうした空気が支配するなか、黒潮町では「犠牲者ゼロを目指す、あきらめない。揺れたら逃げる。」「より早く、より安全なところへ。」等の20の指針を構築し、犠牲者ゼロを目指す様々な施策を展開してきました。

キーワードは総力戦。一連の施策の中で特に力を入れてきたのは、避難路や避難タワー等のハード整備の他、ソフト対策である防災地域担当制と地域コミュニティ活動（自主防災）でした。黒潮町では全職員（約190人）を消防分団ごとに町内全地域（61地区）に担当職員として配置し、精力的に、昼夜を問わず、避難訓練、避難経路の整備点検や資機材確認、個別カルテの作成等、地域住民と協働したきめ細かな実践的な取り組みを開始していました。

こうしたなか縁があり、津波想定と、浸水深が非常に厳しい佐賀地区（明神、浜町）において運よく逃げ地図づくりのワークショップを平成27年〜28年にかけて2回開催する機会を得ました。津波想定高が日本一高く厳しい公表をうけた住民の関心は非常に高く、当日は、多くの住民に参加いただき、実際に地図に自宅から想定している避難場所までの避難時間や距離を革ひもや塗り絵作業で指導を受けながら確認していきました。住民からは「面白かった、分かりやすかった」との意見がよせられました。また、出来上がった地図を振り返るなかで、想定していた避難路が時間的にも厳しく、途中に危険な箇所もありルート変更もありうる等、日々の生活のなかで、気付かない点など多くの課題が出され、大変有意義な機会でした。後の避難路整備や地域防災活動が各地域で加速されていくきっかけとなりました。

今後もこの逃げ地図づくりを通じて全国各地域の防災活動が活発になることを期待します。そして、黒潮町でも更に普及促進を図っていきたいと考えています。

黒潮町佐賀地区で開催された逃げ地図づくりワークショップ

第3章

逃げ地図づくりのはじめかた

学校編

学校をはじめとした子どもたちと進める逃げ地図づくり

木下　勇・寺田　光成

1 子どもが大人を焚きつける「自分の命は自分で守る」

防災教育・防災学習の課題

近年、多発する各種災害について、防災意識を高めようと国を挙げて防災教育・防災学習の支援を推進しています。学校教育では文部科学省の防災教育の方針に沿って、次の3点を目的として進められています。

(1)「災害時における危険を認識し、日常的な備えを行うとともに、状況に応じて、的確な判断の下に、自らの安全を確保するための行動ができるようにする」

(2)「災害発生時及び事後に、進んで他の人々や集団、地域の安全に役立つことができるようにする」

(3)「自然災害の発生メカニズムをはじめとして、地域の自然環境、災害や防災についての基礎的・基本的事項を理解できるようにする」。

これまでの防災教育において課題となっているのは防災のリーダーには防災教育の教材の講習などで浸透しても、それ以上に広がっていかない、一般の人々が主体的に防災を考えるまでに広がらない、という点です。子どもたち向けの防災教育も同じで、知識として子どもに教えようという方法ではどうしても子どもたちは受け身的な立場で、正直、面白くない時間につきあっているというような場合も少なくありません。防災教育の教材としては災害時を想定して地図の上で情報を確認するＤＩＧ《ディグ》、避難所の運営を想定するＨＵＧ《ハグ》、災害時の判断の場面を想定したカードゲームのクロスロードなどが普及しています。

逃げ地図と似た災害シミュレーションのゲームに、ＤＩＧというものがあります。これは地図の上に透明なシートを貼り、起こりそうな災害を想像し、その被害を受ける地区、危険な場所、避難場所、避難所、役に立つ施設などを書き込み、地域でのリスクを「見える化」して対応を考えます（小村、２０１４）。しかし、普及するにつれて、そのワークショップの進行を素人が行うと、「予防への誘いがないＤＩＧに地域防災の本質はない」と考案者が批判するようにその意図と異なる使われ方も生まれてきています。防災教育の難しさは、一回のプログラムでその時には参加者の反応が高くても、高まった意識が持続するようにはなかなか進まないことです。ではどのようにしたら防災を自分の問題として考え、主体的に考えて、そして他の人（参加しなかった人）をも巻き込むようなことができるでしょうか。

逃げ地図づくりを学校教育等で子どもたち対象に行うには、一回のみならず、数回に分けて、調べること、周囲の大人にも聞いたり、調べ学習として行うことが重要です。このプロセスを通して、子どもの学習が深まるだけではなく、子どもの正直な問いかけに、大人も不安な問題をそのままにしていたことに気がつき、防災に真剣に取り組むように大人を巻き込んでいくことができます。

防災の地図を読む

逃げ地図づくりをする上で地域がどういう災害の危険があるかを把握するために、ハザードマップを参考に見ます。実際、このハザードマップを初めて見る子どもたちも少なくありません。いや子どものみならず、大人でも多いのです。ハザードマップはたいがい、役所に置いてありますし、Ｗｅｂ上で見ることもできるようになっています。紙面のハザードマップでは、地震の津波の浸水域、土砂災害、洪水など、災害の種類別に地図に色が塗られています。ネットのデジタル上の地図は、地図を重ねあわせて見ることもできます。

まずはこのハザードマップを読むことから始まります。地域がどんな災害に遭う危険性があるか、その場合にまず避難する避難場所はどこか、そこまでの経路は安全かなどを確認していきます。

逃げ地図づくりを行う場合に、まずはどんな災害を想定して行うのか、それを決めることが第一です。そしてハザードマップを参考に見ながら、その災害に対して安全な避難場所を確認していきます。子どもたちと行う場合、その年齢にもよりますが、だいたい小学校3年生ぐらいから地図を見ることができるでしょう。１／２５００ぐらいの学区が入るぐらいの白地図を用意し、ハザードマップを読み解いて、例えば津波災害を想定した場合には、浸水域に入らない、高台の地点につながる道が浸水域から出たところを避難地点として印をつけます。私たちは赤いドットのシールを用意しておいて、ドットを貼ってもらいます。地図になれるために、最初に自分の家を探してマークしてもらうことを行うと、自分の家の周りの様子を地図で確認しながら地図を読めるようになります。そうやって慣れてきたら、ハザードマップの土砂災害の危険区域を見ます。それが高台の避難場所として設けたところと重なっている場合に、判断が難しくなります。その場合には子どもたちと話しながら、また行政の担当の方に確認しながら、はたして津波と土砂災害が同時に起こるかどうか確認するといいでしょう。また避難場所までの道もブロック塀の倒壊や橋が落ちたり、土砂災害などで、通行不可能となる危険性の高い道は通れないという場合に、×印をつけたりします。こんな風に地図を使って災害の想定と安全な場所、経路を考えるだけでも1、2コマの授業時間が必要となります。でもこれは最初の条件設定を自分たちで考えるため、ハザードマップを読んだりするには欠かせない時間です。

1／2500の白地図は役所などから購入できますが、それを数グループ分も用意するのは大変であり、またネットで地図をダウンロードして印刷といっても大型プリンターのないところではどうしたらよいのでしょうか。小さく部分部分のコピーをして貼り合わせることも、子どもたちのグループ作業にしてできなくもありません。役所の防災担当と連携して協力してもらうと、役所でそのような地図の用意の協力を得られるでしょう。または地域に建築事務所、測量会社などがあれば、そういう専門の方々を一緒に防災を考える協力者にできれば、地図の印刷の協力を得られるでしょう。または白地図を用意しなくてもハザードマップの部分部分を拡大コピーして、貼り合わせることでもよいでしょう。その場合にカラーコピーよりも白黒コピーにしないと、逃げ地図で色塗りをした色が目立たないのでご注意ください。

学校教育プログラムへの逃げ地図づくりの活用

防災教育は小学校1、2年生には生活科、3年生以上では総合的学習の時間での取り組みが多いようです。上級生になると理科や社会などの時間も活用することも見られます。総合ですので関連科目も絡めて総合的に進めることは、担任の先生の裁量でできるので、まさに総合のねらいどおりに子どもたちが自ら疑問を展開する主体的な学びの中で、理科に関する事柄も、社会に関する事柄も、そして表現の国語に関する事柄も学んで、子ども自身が総合化していく学びの効果を発揮できるでしょう。

中学校でも総合的な学習の時間の取り組みが多いですが、理科や社会など専門の教科の先生が分かれるので、担任の先生だけで他の科目も含めた総合的学びのプログラムをつくるには、教員間の連携した取り組みが求められます。中学校では理科の時間を使って行う場合も多いようです。そのためか、総合的学習の時間以外の理科での取り組みや社会での取り組みなどの実践例もＨＰなどで公開されています。

文部科学省では、学校での安全教育の一環として「生きる力」を育む防災教育の展開としてガイドを示しています（図表1）。各都道府県でも様々な実践例が報告されています。ただし、この取り組みはクラス単位では教師の裁量で、学校では学校長の裁量に委ねられますから、どれだけ防災教育の必要性を教師が感じているかにかかってきます。都道府県での防災教育指定校となると一丸になって

図表1　発達の段階に応じた防災教育

発達の段階に応じた防災教育

ア　自然災害等の現状、原因及び減災等について理解を深め、現在及び将来に直面する災害に対して、的確な思考・判断に基づく適切な意志決定や行動選択ができる。（知識、思考・判断）
イ　地震、台風の発生等に伴う危険を理解・予測し、自らの安全を確保するための行動ができるようにするとともに、日常的な備えができる。（危険予測、主体的な行動）
ウ　自他の生命を尊重し、安全で安心な社会づくりの重要性を認識して、学校、家庭及び地域社会の安全活動に進んで参加・協力し、貢献できる。（社会貢献、支援者の基盤）

高等学校段階における防災教育の目標

安全で安心な社会づくりへの参画を意識し、地域の防災活動や災害時の支援活動において、適切な役割を自ら判断し行動できる生徒

ア　知識、思考・判断	イ　危険予測・主体的な行動	ウ　社会貢献、支援者の基盤
・世界や日本の主な災害の歴史や原因を理解するとともに、災害時に必要な物資や支援について考え、日常生活や災害時に適切な行動をとるための判断に生かすことができる。	・日常生活において発生する可能性のある様々な危険を予測し、回避するとともに災害時には地域や社会全体の安全について考え行動することができる。	・事前の備えや災害時の支援について考え、積極的に地域防災や災害時の支援活動に取り組む。

中学校段階における防災教育の目標

日常の備えや的確な判断のもと主体的に行動するとともに、地域の防災活動や災害時の助け合いの大切さを理解し、すすんで活動できる生徒

ア　知識、思考・判断	イ　危険予測・主体的な行動	ウ　社会貢献、支援者の基盤
・災害発生のメカニズムの基礎や諸地域の災害例から危険を理解するとともに、備えの必要性や情報の活用について考え、安全な行動をとるための判断に生かすことができる。	・日常生活において知識を基に正しく判断し、主体的に安全な行動をとることができる。 ・被害の軽減、災害後の生活を考え備えることができる。 ・災害時には危険を予測し、率先して避難行動をとることができる。	・地域の防災や災害時の助け合いの重要性を理解し、主体的に活動に参加する。

小学校段階における防災教育の目標

日常生活の様々な場面で発生する災害の危険を理解し、安全な行動ができるようにするとともに、他の人々の安全にも気配りできる児童

ア　知識、思考・判断	イ　危険予測・主体的な行動	ウ　社会貢献、支援者の基盤
・地域で起こりやすい災害や地域における過去の災害について理解し、安全な行動をとるための判断に生かすことができる。 ・被害を軽減したり、災害後に役立つものについて理解する。	・災害時における危険を認識し日常的な訓練等を生かして、自らの安全を確保することができる。	・自他の生命を尊重し、災害時及び発生後に、他の人や集団、地域の安全に役立つことができる。

幼稚園段階における防災教育の目標

安全に生活し、緊急時に教職員や保護者の指示に従い、落ち着いて素早く行動できる幼児

ア　知識、思考・判断	イ　危険予測・主体的な行動	ウ　社会貢献、支援者の基盤
・教師の話や指示を注意して聞き理解する。 ・日常の園生活や災害発生時の安全な行動の仕方が分かる。 ・きまりの大切さが分かる。	・安全・危険な場や危険を回避する行動の仕方が分かり、素早く安全に行動する。 ・危険な状況を見付けた時、身近な大人にすぐ知らせる。	・高齢者や地域の人と関わり、自分のできることをする。 ・友達と協力して活動に取り組む。

障害のある児童生徒等については、上記のほか、障害の状態、発達の段階、特性及び地域の実態等に応じて、危険な場所や状況を予測・回避したり、必要な場合には援助を求めることができるようにする。

出典：文部科学省（2013）「『生きる力』を育む防災教育の展開」

の取り組みとなりますが、そうでない場合、教員たちは国際化対応、環境問題、社会福祉、地域活性化など他にも社会的課題もあり、防災だけに授業時間を割くわけにもいかないという事情もあります。その場合に大事なのは地域の声と協力です。先ほど述べましたように、地図や防災など専門的支援を行政の担当部署はもちろんのこと、地域の自治会や防災ボランティア、その他専門家のみならず、保護者、地域住民の声や協力体制が、学校が防災教育を進める気運をつくっていくことになると思います。

逃げ地図づくりが小学校の授業に取り入れられるまで

ここに紹介するのは、静岡県河津町の河津南小学校での防災学習の取り組みの例です。

発端は賀茂災害ボランティアコーディネートの会にて、2013年8月に逃げ地図づくりワークショップ（WS）を開催したことをきっかけに、河津町災害ボランティアコーディネーターのE氏の依頼で、河津町立河津中学校、南小学校合同の家庭教育学級の講座で逃げ地図づくりWSが開かれました。ワークショップは2014年12月11日の13時から15時までの2時間をかけて行われ、参加者は80名にのぼりました。そしてその結果、この災害ボランティアコーディネーターの方をはじめPTAの関心となって小学校に働きかけて、小学校5、6年生に逃げ地図づくりを一回行えないかと相談がありました。私たちはそれまで逃げ地図づくりは中学生以上を想定していましたので、小学生相手には初めてです。小学校教員免許を持っている大学院生である寺田を中心にプログラム編成をして学

図表2 小学生向け逃げ地図の作り方3ステップ

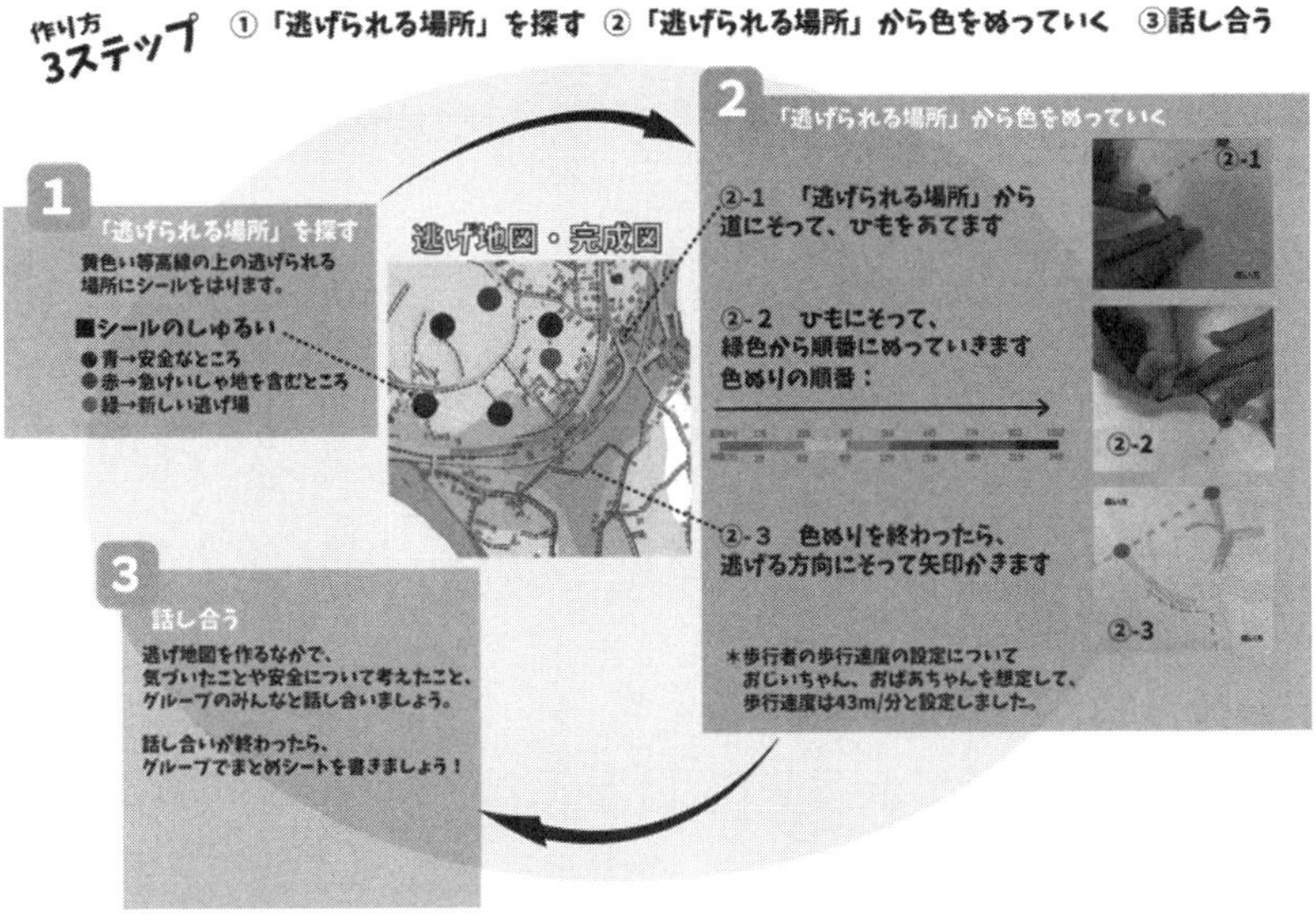

図表3 小学校5、6年生に聞いた「逃げ地図づくり」の感想

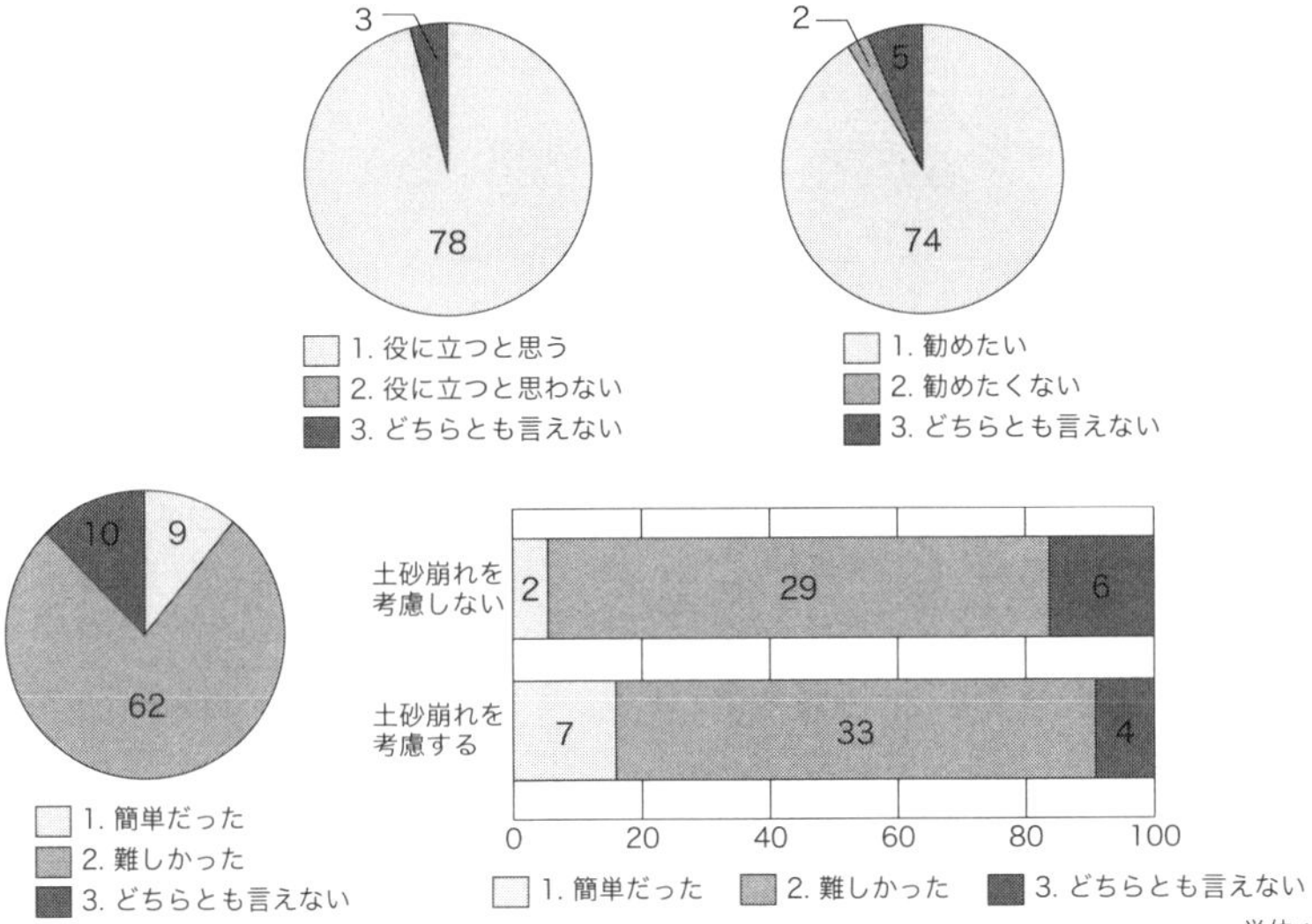

単位：票

校と協議して２０１５年２月４日に授業の２コマを使って体育館を会場にて実施されました。５、６年生84名が11の地区別の班に分かれて逃げ地図づくりに取り組みました。

それが翌年度の逃げ地図づくりの総合的学習の時間での取り組みのきっかけとなりました。この背景にはやはり当校が防災教育の指定校になっていたことも強い要因だったかと思います。さっそく県の防災教育担当者とも相談しながら、校長先生、それから担任の先生方と前年度中に授業の構想のための会議をもって臨みました。

2 逃げ地図づくり総合的学習の時間のプログラム

プログラム

２０１５年の4月からの1学期の間に、２学期での総合的学習の時間を使った単元づくりを学校の担任の先生方と協議しながら進めました。そして２０１５年９月から11月にかけて小学校５、６年生79名の児童を対象に、計13時間（コマ＝45分）の単元計画を作成しました（図表４）。児童は地区ごとの班に分かれ、活動を行いました。そのポイントを以下に記します。

① 「STEP1　予想する」

初段階では「予想する」ことに焦点を当てました。児童自身が知っていることや、資料にある情報をもとに避難場所や避難ルートの検討を行いました。災害が起きたことを想定し、自分が思う避難場

図表4 実施された防災教育カリキュラム

	STEP1. 予想する	STEP2. 見直す	STEP3. 共有する
実施内容	・今ある生活知や資料等を活用し、どこに避難すれば安全でどこが危険かを予想し、話し合う。	・講義やワークから得られた情報を適宜地図に書き込み、これまで書いた情報を見直し、逃げ地図を更新する。	・他の班との意見交換を行う。 ・逃げ地図を活用して、他の学年や地域に情報発信をする。
実施日	2015/10/6	1. 10/22、2. 11/9、3. 11/12、4. 11/18	12/05
時間数	2時間（45分1コマを1時間とする）	10時間	1時間
共同者	県職員、町会議員	県職員、地域住民、防災士	地域住民、防災士、県職員、町会議員
授業内容	・ワーク：「今津波が来たら自分ならどうするか避難場所とルート考える」 ・講座：「ハザードマップの読み方」 ・ワーク「班で安全そうな避難場所と危険な場所について話し合う」	1. フィールドワーク 2. フィールドワークの振り返り 講義「地震と津波」 3. ワーク：「さらに深く考えよう。避難場所・ルートの再検討」 講義「妖怪と考える防災のそなえ」 ※宿題ワークシート「親・地域の人にインタビュー」 4. ワーク：「さらに深く考えよう。避難場所・ルート・危険箇所を見なおそう」	ワーク： ・「地図に避難時間を加え、気づいたことを報告しあう。 【学校外活動】 ・地域で学習成果の発表 ・多世代で逃げ地図づくり
アンケート結果/コメントの一例	・「ほんとうに安全なのか行って確かめたい」 ・「自分の地区でどこがどう危ないかを調べたい」	・「日頃考えてもいない危険があった」 ・「宿題のワークを通して、昔地域であった災害について知ることができた。」	・「大人の人たちの考えと自分たち子どもの考えを比べると全く違うことに驚きました」
補助教材	・活動マニュアル	・ワークシート	

図表5　小学生が逃げ地図づくりを教える様子（静岡県河津町）

所、避難ルートを考え、その後ハザードマップの読み方の講義を受け、選択した場所やルートが安全かを問いました。実施後の活動シートからは、フィールドワーク等を通じて実際に確認する必要性があることを示すコメントが多く見られました。

②「STEP2　逃げ地図の段階的作成」

次の段階では、「見直す」ことに焦点を当てました。フィールドワーク、講義、ワークから段階的に得られた情報を地図に記入し、その避難場所の選定、危険箇所の加減、避難ルートの検討をその都度行いながら、逃げ地図づくりを行いました。この逃げ地図づくりの過程で、フィールドワークとして現場の点検を地域住民とともに行ったことは、世代間での安全性に関する議論の具体的な確認となりました。その現場で確認した情報、写真等を入れることで情報の共有化の工夫となりました。その地域の防災担当者など防災に意識を持つ地域住民との現場での共同作業が次の段階に発展していきました。また、活動や完成された地図からワークシートを通じて聞いた昔の災害についてのコメントが多く書かれており、補助教材がリスク・コミュニケーションを促していました。

③ 「ステップ3 共有」

最終段階は、2015年12月5日に静岡県地域防災訓練の一環として、河津町Y地区で地域住民へと発表会と逃げ地図づくりワークショップを実施しました（図表5）。地区に住む児童11名と地区の大人10名が参加し活動を行いました。児童が逃げ地図を用い学習成果を発表した後、大人と共に逃げ地図づくりを行いました。学習成果の発表では子どもが大人に質問をする様子が見られ、逃げ地図づくりでは活発に世代間のリスク・コミュニケーションが図られていました。これは先に小学校での逃げ地図づくりに協力して現地を子どもたちと回って見た時に、この逃げ地図づくりを地域の避難訓練の時に実施して、大人たちにも認識してもらいたいと思った地域の方がいたので実現したものです。

子どもから大人に

このように学校での取り組みに地域の協力を得て実施しますと、次に地域での取り組みに発展し、世代間でのリスク・コミュニケーションの展開の可能性が見られることが分かります。とりわけ、子どもが防災に意識しだします。地域の中であいまいにそのままに置いている問題を、直球的に投げかけます。例えばこの地区で「公民館は避難所になっているけど、浸水域にあるけれど、大丈夫でしょうか」「高台の避難場所は、土砂災害危険区域になっているけれど、ここに逃げていいのでしょうか」「この古いお寺は土砂災害危険区域でなく、安全な避難場所ですが、なぜここに毛布や非常食など避難所と同じような備えがないのですか」「この橋は古く、大地震の時に壊れそうですが大丈夫ですか」など。

このような子どもの疑問はワークシートに書かれたりもして、ワークシート等を活用することがリスク・コミュニケーションを促すことになります。学校での防災教育から得られた子どもの気付き・発見は、決して学校で終わるものではなく、地域で防災を考えていく重要なものであることを、大人が理解していくことが大切です。

以上、この学校での取り組みは多大な成果を生みました。ただし、1年の間でできることには限りがあります。防災教育は継続してこそ地域の人々の意識の中に根付いてくるものであり、継続こそ力なりということを強く実感します。以下に課題を示します。

①　活動の共有、発信の場を設けることがまだ一部の住民にしか届いていない。より広く届けるためには継続的に取り組み、マスメディアなども巻き込み、足を運んでみてもらい、やってもらうことも必要です。また学校は防災教育指定校から外れ、また教員も異動すると継続的展開となりません。地域主導で継続的に取り組んでいきましょう。

②　そういう意味で学校教育と地域の連携を担う、地域のコーディネーターが必要です。行政の担当部署も異動で変わるために、やはり地域の防災コーディネーターはじめ防災のリーダーがしつこく、継続的に子どもたちにこの取り組みを進めていれば、子どもから大人に伝わっていくでしょう。

③　学習を深める道具として機能するよう地図に書かれる情報をどう整理するか。ハザードマップだけでは子どもたちに伝えていくことは難しいです。ハザードマップからどのように子どもたちが調べていくか、その点もガイドが必要です。

④　成果物が目的化される誤解が生じやすく、その作成プロセスの重要性をどう伝えていくか。逃げ地図の誤解はそこにあります。条件を変えるだけでできあがった逃げ地図の道路の色は変わります。条件を変えてグループ間の結果の違いを議論したり、制作過程での発話に意味があったり、プロセスで気づいてくること、コミュニケーションが促されること、芽生えた問いを大人にももっと投げかけることの重要性を防災教育にかかわる教師や専門家、協力者が自覚して、そのようにプロセスを組んでいくことが大事です。

COLUMN

小中学校連携の逃げ地図づくりのすすめ

阿部　正人（宮城県気仙沼市立面瀬小学校教諭）

私が勤務する気仙沼市立面瀬《おもせ》小学校は、学区内の海に面した尾崎地区が東日本大震災で壊滅するという経験をした場所に建っています。震災前には、総合的な学習の時間に面瀬川河口や漁港での活動が盛んに行われてきましたが、震災後は同様の活動は被害の復旧状況や心のケアの面からも難しい状況でした。

私は、復旧が進むにつれ震災前と同様に面瀬川について源流から河口域まで学ぶ活動を再開したいと考えていました。そこで、子どもたちの防災意識を育て、いざという時に子どもたちが海に近づいても安全に逃げられる場所を確認する手法を学ぶため、気仙沼市内で開催された逃げ地図づくりワークショップに参加しました。その経験から、中学生と一緒に取り組めば小学4年生でも実施可能であると考え、震災から4年後、小学4年生の総合的な学習の時間に面瀬中学校との合同授業「探ろう！地域防災探検」の実施を計画しました。

地域における津波からの避難上安全な場所と危険な場所を子ども自身が自ら学び、高齢者が避難する際の課題を一緒に考えることを目的として、逃げ地図づくりワークショップを実施しました。

逃げ地図のベースマップは、東日本大震災の津波浸水範囲や緊急避難場所などが明示された「気仙沼市津波避難計画地図」（カラー版、A3版）を白黒コピーし、その縮尺に合わせて129m（3分間の移動距離）分の革ひもを用意しました。体育館に集まった小・中学生たち（小学生51人、中学生82人）は、24組の混合グループ（5～6人

／班）に分かれ、それぞれ地図を囲んで、津波が遡上する川など危険箇所や津波から逃れられる高台の緊急避難場所などを点検した上で、東日本大震災時の津波到達ラインと道路等が交差する避難目標地点までの避難経路を丁寧に色塗りしていました。また、中学生は小学生に「ここは川の近くだから危険」「坂道だから高齢者は時間がかかるかも」とアドバイスしながら進めていました。

津波浸水範囲が表示された津波避難計画地図や津波ハザードマップを白黒コピーすると、その区域が明示され、逃げ地図づくりのベースマップとして利用でき、A３サイズであれば簡単に用意できることが分かりました。各班にファシリテイターをつけずに、全体の進行役（今回は逃げ地図づくりの経験のある私）一人で進行することは苦労が多く、他の教職員の事前研修が必要ではありますが、中学生が理解すれば、小中学生だけのグループワークで逃げ地図を作成できることが分かりました。

参加した中学生によると、小学生は安全な場所や危険な場所をしっかりと見つけていたこと、高齢者は思ったよりも避難に時間がかかるため、いざという時には手助けしたいと、コメントしていました。

このワークショップの後に、実際にいざという時の逃げ道や目標物を確認しながら、海辺の活動のために校外学習へ行きました。子どもたちは、津波浸水域であった海辺に復活した小さな砂浜で、初めての生き物調査を目を輝かせながら実施することができました。

COLUMN

大船渡東高校と住田高校における逃げ地図づくり

福田　利喜（岩手県陸前高田市消防団小友分団長）

東日本大震災津波で大きな被害を受けた地域の高校生が逃げ地図づくりを体験しました。大船渡東高校と住田高校の二つの県立高校とも学校自体は被災しませんでしたが、地域として被災したこと、生徒の通う地域が被災地域であることなどから行われました。住田高校は、学校のある地域が大雨による被害が予想されることから、あわせて大雨災害に対する逃げ地図づくりを行いました。

二つの高校とも、岩手県立高等学校の防災教育モデル指定校で、防災教育としてできないかとの相談が岩手県教育委員会からあったことがきっかけでした。

両校とも、生徒のワークショップの前に、教職員を対象に生徒向けの逃げ地図づくりを事前に体験し、生徒向け研修の際のファシリテーターの役割を果たすための研修となりました。

大船渡東高校では、大船渡市のＪＲ盛駅周辺地区の逃げ地図づくりを行いました。比較的分かりやすい地形で範囲もそれほど大きくないため、逃げ地図づくりを体験するには適当な対象でした。

第二回のワークショップは高校1年生約２４０名が全員体育館に集まり、そのうち半数が逃げ地図づくりに取り組み、残りは地図上で一時避難場所の確認を行ったところです。通学路を範囲としたため、90分間で逃げ地図を作成するには広域であり、時間内に完成することが困難でした。

参加した高校生から「避難時間のかかる場所には普段高齢者が多く集まっている」ことが指摘されるなど、限られた時間ではありましたが、一定の効果が見られました。

住田高校では、班編成を住田町内3地区4班、陸前高田市内3地区4班、大船渡市内2地区3班に、学校側が生徒の居住地区をもとに分けて行いました。

終了後、班ごとに発表し、副校長先生からは、防災意識や自分たちが住んでいるところを、生徒たち自らが話し合うことができ、とても良い研修になったとのお話を頂きました。

使用した地図は、住田町内については教職員研修で使用した住田町防災マップを拡大したものを、その他の地区については、国土地理院の白地図に大船渡市と陸前高田市の海岸部については、東日本大震災の浸水区域を表示し用いました。陸前高田市の内陸部であり津波の影響のない横田町地区については、

陸前高田市が示している防災ハザードマップから、洪水浸水域と土石流の範囲を表示して用いました。

二つの高校での経験からは広域から通学することから、全ての通学路をカバーする逃げ地図を作成するには、広範囲のベースマップを用意する必要があることが分かりました。一定の時間内に全ての地域の逃げ地図を作成することは難しいことから、地域限定なども考えるなど工夫も必要になると感じました。

また、ファシリテーター役を行った先生の理解度の違いによって、結果に差がみられる、という気付きも得ることができました。

COLUMN

学校における逃げ地図づくりのススメ

藤田　玲生（元広島県立瀬戸田高校教諭／地域教育コーディネーター）

広島県立瀬戸田高校のある生口島《いくちじま》の瀬戸田町は人口が約8000人、高齢化率が42％の地域であり、しまおこし事業部は地域の活性化に取り組む部活動です。

前年度に島内の介護施設や施設ごとの介護サービスを掲載した「介護マップ」という冊子を発行。その続きの活動テーマを「高齢者と防災」と掲げ、具体的な活動を思案していた時に、日建設計ボランティア部が開発した「逃げ地図」を、山本・木下両教授を通じて教えていただきました。その後、地域住民や他校生・校内生徒を対象にワークショップをしてきましたが、他の学校の先生方にも小中高を問わず実践してほしいと思います。

勧める第一の理由は、とても簡単だからです。マニュアルは20頁ほどと薄く、難しい言葉は一切ありません。準備物や時間配分、進め方も書かれており、あらかじめ教育ツールとしての活用が視野に入ったつくりになっています。更には授業時間が余った時のための問いまで用意されています。少し手間なのは地図と距離を測る革ひもの用意くらい。コストもそれほどかかりません。児童・生徒には意見のとりまとめやタイムキーパーなどの役割を与えることで、表現力や思考力や協調性、自己肯定感の育成につながります。また、小中高生や住民と一緒にやってみることで、気付きや危機感の共有ができ、次の減災活動のステップに進めやすくなります。異世代との交流を通して地元の歴史を知ることで、郷土愛を深める機会にもなることでしょう。

勧める第二の理由として、教員のスキル向上の

アイテムとしても使えることが挙げられます。コーチングスキルを部活動ではなく授業時間の中で磨くことができますし、ファシリテーターのスキル向上にも役立ちます。また、逃げ地図づくりマニュアルを一つの型として、そこから課題解決型学習へ展開することも可能です。

一方で管理職の立場から見ても、学校と家の距離が離れつつある昨今、児童・生徒の安全確保面から見た学校の組織のあり方や、現行の「危機管理マニュアル」等の見直しに使うこともできるかと思います。

学校は多くの未来ある命が集まる場所です。災害に対する危機意識を高め、地域をより深く知り、生き残る行動に繋げるきっかけづくりとして、逃げ地図は地域教育・減災教育の優秀な教科書です。

第4章
災害ごとでみる逃げ地図のつくりかた

1 津波からの逃げ地図づくり

羽鳥 達也

逃げ地図は沿岸部の津波災害リスクを把握するために開発したものですが、いまでは河川の氾濫や、土砂災害、都市火災についても、そのリスクの把握や地域のリスク・コミュニケーションのために利用されています。しかし、当初はワークショップで共同制作により地域住民の方たちにつくり方を伝えるつもりもなく、どちらかというと計画者のためのツールと考えていました。こうした考え方は、逃げ地図の考え方を広めようとしたとき変わっていきました。その変遷とその意義を、実際のエピソードを通じてご紹介します。

共同制作の重要性を知った初めての逃げ地図ワークショップ

2011年の年末ごろ。逃げ地図は出来たばかりでしたが、逃げ地図の存在を知った岩手県大船渡市越喜来《おきらい》地区出身の方々を中心とするボランティアチーム「チーム越喜来」から日建設計ボランティア部のメンバーに一緒に地域の避難を考えてみたいと問い合わせがありました。そこで逃げ地図のつくり方や使い方を理解してもらうために2012年1月22日に日建設計にてワークショップを行いました。

チーム越喜来のメンバーは20～30代で大学関係者もいました。逃げ地図の描き方や避難ポイントの位置や数、歩行速度などの想定を変え比較できることなど、説明すれば理解できると思っていたのですが、**説明だけでは逃げ地図の仕組みは理解されず、一緒につくってみることでこの地図の仕組みが理解される**ことが分かりました。また、越喜来では老人ホームの移転が問題となっていましたが、高台までの時間と距離という**作意が働かない事実が目に見えるようになる**ことで、危機意識が共有され**議論が活発になる**ことが分かりました。この経験から、地域の人たちに逃げ地図の使い方を十分に理解してもらうためにはワークショップ（共同制作）で伝えることの必要性を強く感じました。

住民が主役となり、生きた情報をつくる。陸前高田市長部地区の事例

日建設計関係者を通じて岩手県陸前高田市の南に位置する長部地区出身の市議会議員からの呼びかけがあり、ワークショップを行いました。

震災から1年以上経った頃で、住民のほとんどが高台の仮設住宅に移転していましたが、浸水域に工場が新設されているなど、復興も始まっていました。そうした状況の中で、まちの将来を集まって考えるきっかけとしたいと期待され、市議から逃げ地図をつくるワークショップ開催の依頼を受けたのです。目まぐるしく変わる復興の最中だったので公表されていた地図と現地の様子も異なっていました。そこで、我々は逃げ地図を理解してもらい、今後の復興の変化によって変わった地図でも、自主的に逃げ地図を描けるようになってもらいたいと思いました。

地元の最新の地図は地元の設計事務所、土木会社などにあると聞き、仮設住宅まで反映してある地図を入手できました。ワークショップの前日に仮設住宅を取り仕切っている主催者側に逃げ地図が避難経路を確認し、概略の避難時間を可視化するだけでなく、今後のまちをより安全に改善する施策を検証できることまで説明したのですが、ワークショップ開催場所のコミュニティセンター長から、単純に避難時間を塗り分け、避難経路まで確認したら終了してほしいとのお願いを受けました。まちが津波に流され、仮設住宅暮らしの人たちに、今後の改善提案を考えてもらうのは酷であると判断されたからだそうです。

ワークショップ当日には、湊、上長部、二日市、古谷《こや》、双六《すごろく》、要谷《ようがい》、福伏《ふっぷし》の7つの被災した集落の区長や、地元議員が参加してくれました。区長たちは全員仮設住宅に暮らしていました。

これまで、いくつものワークショップなどに参加されていたせいか、すこししらけ気味にワークショップはスタートしたのですが、実際に津波がどこまで来たのか、地図が変わっていたため私たちも分かりませんでした。そこで、私たちは浸水域を教えてもらいながら地図を書き込んでいたのですが、どこまでどのように津波が来て、震災当日どんなことが起きたのか地元の人たちがとてもたくさんのことを話してくださったのです。私たちは震災当時のことは話しづらいことだろうと遠慮していたのですが、このように**教える側になることが、参加者が積極的かつ活発になる**ことをこの時に強く実感しました。

ワークショップでは住んでいた地域ごとに3班に分かれて逃げ地図を作成してもらいました。色塗りの仕組みについての理解は早く、作成は1時間程度で終了しました。前日のコミュニティセンター長からのお願いのとおり、逃げ地図を作成することで具体的な改善案を構想しやすくなることは説明しなかったのですが、参加者から、「赤いポイント（高台への道や階段が通じている避難ポイント）が増えれば緑色が増える。崖を登れる階段があったら海際が緑色になり、工場で働く人も安心して働けるのではないか。」「工場などを誘致するのは緑色の道に面した土地にしたほうが良いということだな。」といった意見が多く出されたのです。逃げ地図が地域のこれからのことを考えるツールになることは、説明するまでもなく伝わっていたのです。

コミュニティセンター長からは、「仮設住宅暮らしのみんなが、こんなに楽しそうに会話をしているのは、震災以後はじめて見た。」と涙ながらに感謝の言葉を頂いたことは今でも忘れることはできません。

このワークショップでの最大の教訓は**参加者が地元情報の提供者になる**ことで、**能動的なワークショップになる**ことが分かったことでした。また、逃げ地図の仕組みを理解することで、改良案がつくれることを知らせなくても、参加者自らが改善方法を発想するようになることも分かりました。その一方で、こうした話し合いの場を、住民の自主的かつ継続的なものにできるかは、自主防災力を維持するうえでも課題だと感じました。

中学校での継続的なワークショップや、地域の自主的な減災活動につながった、鎌倉材木座の事例

鎌倉市材木座地区でのワークショップは東日本大震災の被災地ではないところで行った最初の逃げ

地図ワークショップでした。2012年の春ごろ、開催に先立って主催者である地元のまちづくり市民団体「ひとまち鎌倉ネットワーク」の代表がまず日建設計にご来社くださり、逃げ地図のレクチャーを受けたのち、これを「ひとまち」のメンバーに伝え、ワークショップの準備をしてくださいました。

同年の8月にワークショップが開催されました。津波被害の可能性が高い地域柄もあり、既に地元の町内会にて避難訓練や地域防災力向上に興味がある方が沢山いらっしゃいました。さらに古くから住まわれている方が多いため、結束力の強い地域コミュニティが形成されているようでした。

今後の継続性を考えると地図を用意することから地元の人たちでできたほうが良いと考え、地図は「ひとまち」のメンバーが持っていた鎌倉市の地図画像データを大型プリンターで出力しました。当日はまず、プロジェクターで逃げ地図の作成方法を解説し、そのあと参加者は6～7名の班に分かれ、班ごとに日建設計ボランティア部のメンバーがファシリテーターとして参加し共同制作を行いました。材木座は町内に高台があるのでそこに至るルートのいくつかを避難目標として設定しました。一方、津波避難ビルは観光客で混雑する可能性を考え、避難目標とはしませんでした。また、町内を流れる滑川にかかる橋は壊れる可能性を考え、通らない前提としました。

最初はとまどっていた参加者も手を動かすうちに次第に要領をつかみ、途中から話し合いながらたいへん熱心に取り組んでいました。被災地に比べてまちが目の前にあるので、議論の内容が具体的で臨場感がありました。

作業終了後、それぞれの班の発表と想定ごとにどのような違いがあるのか講評を行いました。地形が急傾斜な部分が多く、高台に上がるための階段の整備や近道の検討など、比較的簡単な整備により避難時間の短縮が図りやすい場所であることも分かりました。また、逃げ地図は単純に最短距離での避難方向を示しますが、人の心理と関係なく海側に逃げる方向も示してしまいます。海側に逃げる方向には矢印を描かないとするとどうなるか、など鋭い意見も見られました。加えて、住民の一部には知られていた高台につながる斜面地に古くからある階段が高台への避難時間を短縮することについて、**逃げ地図による色分けで効果がはっきりと分かり、のちに鎌倉市と議論しこの階段に手すりを付けることとなりました**。

また、ワークショップ参加者の自邸が避難場所まで相当時間かかることが分かり、後日、避難経路を短縮するために、津波警報の際には近隣の庭を通り抜けさせてもらえるよう逃げ地図を使って説明をし、敷地境界の塀を乗り越える梯子を付けさせてもらえたと報告を受けました。

この日の成果物は日建設計に持ち帰ったあと、想定を変更して作成した津波避難施設がある場合の逃げ地図と比較検討が行われ、材木座の住民に配布されました。

さらには、この材木座での逃げ地図ワークショップの評判から、隣の由比ガ浜でもワークショップが開催され、加えて鎌倉第一中学校では、約２００人の全校生徒を対象にワークショップが開催されることになりました。このワークショップには地元住民たちも参加し、逃げ地図のつくり方や意義、地域の情報を子どもたちに伝えていました。まさに世代を超えたコミュニケーションが生まれていました。

中学校でのワークショップは今では我々の手を離れ、先生方が司会進行を行い、上級生が下級生に地図の描き方を伝えるワークショップが継続的に行われています。

この鎌倉市でのワークショップを経験し、逃げ地図ワークショップでの気付きを、まちをより安全にするための実践的な取り組みにつなげたり、**ワークショップを続けていくには、まちへの想いが強い人々につながりを持ってもらうこと。**そして、その結びつきをつくるには子どもたちの存在が重要だと分かりました。大人たちは子どもたちを守ろうという動機では必ず一致します。そして、**子どもたちが逃げ地図をつくることが大人たちを巻き込む原動力になる**ことも実感できました。

住民間の異なる意見がまとまった金沢市大野町の逃げ地図ワークショップ

2014年11月から金沢21世紀美術館で開催された企画展「3・11以降の建築」展に、出展の依頼があり、逃げ地図の展示を行いました。その展覧会企画の一環で、美術館側から依頼があり、日本海に面する金沢市の大野町という醤油蔵で有名な地域でワークショップを企画していただきました。

この地域では、初めに地域の大人たちに逃げ地図のつくり方をお伝えするためのワークショップを行い、二度目のワークショップは初回のワークショップで学んだ大人たちが、逃げ地図の描き方や仕組みを子どもたちに伝え､避難についてより深く考える機会をつくることを予定して企画されました。

ワークショップに向けての事前の打ち合せで、大野町は、沿岸部に大野町小学校、金石町小学校があり、児童たちを誘導する避難方向について地域で共に考え、なおかつ子どもたちにどう伝えるかが課題であると、住民たちやその地域にかかわる教育関係者からの情報で分かりました。

２０１４年7月に行われた一度目のワークショップの参加者は、大野町住民の皆さんや町内会の役員、小学校の教員及び教育委員会、大学関係者、消防団員などでした。なぜかみなさんの表情はやや硬く、緊張感がありました。この理由はこの後数分で判明しました。

ワークショップの開始時にいつものように20分ほど逃げ地図の描き方をお伝えするレクチャーを行いました。それからさあ逃げ地図をつくってみましょうとお話した直後に、ある住民が、逃げ地図などつくっても意味がないと言い出しました。なぜかというと町内会の皆さんは、子どもたちは時間をかけてでも海とは反対側、南側の高台に逃がすべきと考えており、結論を変えるつもりはない様子だったのです。その一方で、小学校の教員の皆さんは、多くの子どもたちを誘導する難しさや、南側に逃げると浸水する危険性が高い低平地を長い間移動しなければならないことを考え、海側の高台に逃げる想定でいました。そのため町内会と意見が対立していたのです。

日建設計のボランティア部は、仕事でも建物を建設する際の近隣説明会などに立ち会うこともあり、こうした場面も慣れていました。塗り絵だと思って試しに描いてみましょうよと、町内会の方をなだめながらワークショップを進めました。

もともと逃げ地図に興味があり、次回のワークショップで子どもたちに地図の描き方を教える役割が待っていたこともあり学習意欲は高く、逃げ地図の描き方や想定を変えて検討する意味など、ノウハウの部分は素早く理解されました。想定のバリエーションは、津波の高さを変えたり、古い橋は通れないと想定してみたりと、各班で別々の想定の逃げ地図を描いていただきました。

大野町は標高が低い地域も広く、少しでも津波の高さが上がると、海側にある学校から南側の標高の高い地域に辿り着くのは、子どもたちの足ではかなりの時間がかかってしまうことが明らかになりました。災害時にはまちはどうなっているか誰にも分からないのもまた事実。そうした学校側の苦悩が、同じテーブルを囲んで逃げ地図を一緒につくっていくことで町内会の方たちにも共有されていきました。

ワークショップの終盤に差し掛かったところで、逃げ地図などつくっても意味がないと発言された町内会の方が、「先生方の悩みもよく分かった。海側の高台に逃げる考えには納得できた。」とおっしゃったのです。地域のリスクを、時間や距離という、誰の意図も介在する余地のない指標で見てみることで、数年続いていた意見の対立がたった1時間ほどのワークショップで解消されたのです。

私たち日建設計ボランティア部のメンバーはこの意見の対立を知らされていなかったので、内心驚きましたが、ワークショップ開始時には硬かった参加者の表情も朗らかな笑顔になり、地域の様々な話題を話し合われていました。

8月の二度目のワークショップは台風で開催が危ぶまれましたが、一度目のワークショップの参加者に加え、大野町の小学生たちやそのご両親も参加されました。

逃げ地図は想定を変えて何度も試すことができることを分かりやすく伝えるため、高台のみの避難と、高台にも避難ビルにも逃げる想定した2つの場合で比較できるよう2班に分かれて地図を作製しました。子どもたちに逃げ地図のつくり方を教えることが目的であったため、子どもと大人が混ざるよう班を編成しましたが、子どもたちは塗り絵をするかのように最初は楽しそうに取り組んでいましたが、低学年の小学生には地図の意味を理解するのは難しそうで、飽きてほかの遊びをする子どももいました。

大野町の市街地より、高台がある地域の方が避難時間は比較的短くなることが分かり、住民の皆さんからは少し安心したという声も出ました。一方で、津波高さは想定に過ぎず、より大きな津波が来た場合や、対岸のコンビナートで火災等があった場合どうするかなど、より大きなリスクについても話題が及びました。消防団員からは避難誘導の参考にしたいとの意見も出て、**逃げ地図が生きた情報として地域に根付いていく**であろうことを予感できました。

逃げ地図を本当に役に立つものにするために

先にも述べた通り逃げ地図は当初、災害に配慮した都市計画や避難施設を計画するためのツールとして考えていました。しかし、実際に復興に悩む地域住民と触れ合う中で、使い方は情報を与えられるだけでなく、実際につくってみることでしか正確に伝わらないこと。徒歩での避難に必要となる地域の細やかな情報は地域住民がよく知っていること。住民が地図をつくるための情報提供者となることで、地図が自分のもの、自分たちの情報として生み出され地域の生きた情報として機能し得ること。そして、それが子どもから大人、小学校や地域をまたぐことで、継続されていく可能性が高まること。そしてそれらがつながって初めて逃げ地図が本当に役に立つものになると、今考えれば当たり前のことに気が付いて行ったのです。そしてこれらは、他の災害に関する逃げ地図づくりでも、地域ごとにカスタマイズされ実践されていくことになりました。

2 土砂災害からの逃げ地図づくり

山本 俊哉

広島土砂災害の教訓

大雨などで山が崩れて大量の土砂が一気に押し流される山津波も要注意です。規模によって異なりますが、時速20～40キロの速さで破壊力がとても大きな土砂災害です。

2014年8月に広島市で発生した山津波は、近年まれにみる犠牲者の多さから社会問題として大きく取り上げられました。広島市が発令した**避難勧告の遅れが非難**されました。その発令の時刻は午前4時過ぎでした。仮に土砂災害発生の午後3時より前に発令されたとしても、指定された避難場所に移動する途中で被災するおそれもありました。いずれにしても、**土砂災害警戒区域の指定等を定めた土砂災害防止法制定**の契機になった1999年の広島土砂災害の悲劇がまた繰り返されました。

被害が集中した安佐南区《あさみなみ》は、全国的に見て

土石流に襲われた被災地

1階の山側が被災した県営住宅

も自主防災活動が活発な地域でしたが、土砂災害警戒区域の指定・公表に至っていない地域が多くありました。広島市は土砂災害ハザードマップを該当する全世帯に配布していましたが、土砂災害の危険性が住民に伝わっていたわけではありませんでした。

私たちチームは、被災から2か月半後、市の担当者の案内で現地を訪れました。目の前にしたのが、山津波の被災を受けた区域と免れた区域の差でした。山津波に襲われた区域の木造建物は跡形もありませんでしたが、すぐ近くの県営住宅は倒壊せずに残っていました。その一階の山側の屋内には大きな岩石が入り込んでいましたが、二階以上の山とは反対側は何事もなかったかのように無傷でした。

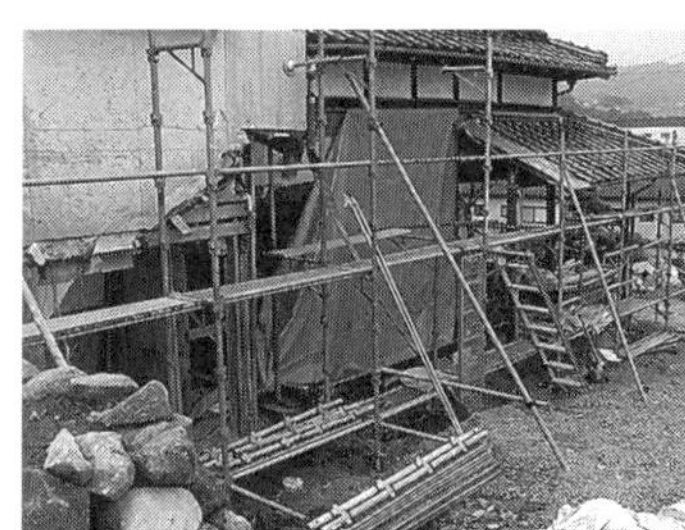
土石流に見舞われた民家

山と反対側は無傷だった県営住宅

いつ、どこに逃げるか？

この広島土砂災害を受けて土砂災害防止法が改正されました。2時間先の予測降雨量を加味した降雨量が基準に達したら、気象台と都道府県は土砂災害警戒情報を発表し、市町村長はそれを受けて直ちに避難勧告を発令することが基本となりました。それが発令されたら、住民は危険な区域から一刻も早く立退き避難を行う必要が明記され、**地域防災計画やハザードマップに避難場所や避難経路を明**

示することが定められました。

避難勧告が発令される前に、できるだけ早期の避難が望ましいことは言うまでもありません。避難に時間がかかる高齢者や障がい者などのいわゆる災害弱者は、避難勧告の発令に先立って早めに避難することが重要です。避難準備情報がそれです。ただし、この名称だと避難行動を開始しないことが多いため、２００６年以降**「避難準備・高齢者等避難開始」**に名称変更されています。

これらの発令が出ると、指定緊急避難場所に立退き避難しなければならないと考えがちですが、そこに至る経路に危険があるかもしれません。その場合は、近隣のより安全な建物に避難することで命は守れます。車で移動して車の中で雨がおさまるのを待つ方法もあります。

屋外に逃れずにとどまった方が安全な場合もあります。冒頭に述べた広島の県営住宅のように、２階以上の鉄筋コンクリート造の頑丈な建物であれば、山側（崖側）と反対側の2階以上に避難すれば、指定された避難場所に行かずとも安全を確保することは可能です。

土砂災害を警戒する区域

土砂災害警戒区域は、従来の砂防堰堤や急傾斜等の工事では守れなかった１９９９年の広島土砂災害の教訓から、警戒避難体制を整備するためにその指定制度が設けられました。しかし、広島市安佐南区では都道府県が土砂災害警戒区域を指定するために行う基礎調査結果の公表さえ至っていませんでした。そこで、土砂災害防止法の改正により、その調査結果を公表することも義務付けられました。

土砂災害を警戒する区域には、**イエローゾーン（土砂災害警戒区域）**と**レッドゾーン（土砂災害特別警戒区域）**の二種類があります。これは、土砂災害の種類、すなわち、土石流と地滑りと急傾斜地の崩壊のそれぞれについて指定基準が定められています。その指定基準は、地形の形状に応じて定められているので、砂防堰堤の有無などを加えた基礎調査を行い、危険性を評価しています。レッドゾーンに指定されると、開発が規制され、居室のある建物を建築する場合、土砂災害に対して安全かを確認するための建築確認申請が必要となります。

土砂災害ハザードマップを読む

自分の暮らしている地域に土砂災害警戒区域があるか否かは、国土交通省のハザードマップポータルサイトを見ると、一発でわかりますが、詳細は、都道府県または市町村が作成している土砂災害ハザードマップを見て、イエローゾーンとレッドゾーンをチェックしましょう。

イエローゾーンに集会施設など災害時の避難場所があっても、鉄筋コンクリート造の頑丈な建物であれば、全壊することはありません。レッドゾーンにあっても、土石流の高さ以下が鉄筋コンクリート造の耐力壁で基礎と一体的な構造であれば、建築は許可されます。ただ、土砂災害警戒情報が発表されて以降にそのゾーンを横切ることは危険を伴います。

土砂災害警戒区域と似たような指定表示に**土砂災害危険箇所**があります。これは、擁壁や砂防堰堤などの整備を主たる目的としたもので、開発規制はありません。土石流危険渓流や急傾斜地崩壊危険箇所などを示した標識が立てられています。

土砂災害からの逃げ地図づくりの前に、このハザードマップを持って歩いてみましょう。土石流危険渓流が暗渠になっているかもしれません。その**渓流の砂防堰堤《さぼうえんてい》の有無や管理状態を確認**することも重要です。そして、その現地踏査で気がついたことをハザードマップに書き込みましょう。

避難目標地点と避難障害地点を設定する

大雨に伴う土砂災害は、津波や洪水の浸水害とは異なり、災害の規模や発生時刻の予測がとても難しいです。土砂災害警戒区域に居る場合はできる限り早期に安全な場所や建物に立ち退き避難すること、場合によってはその建物の中の安全な場所に移動することが重要です。

土砂災害からの逃げ地図づくりは、そのことを十分に認識した上で行う必要があります。したがって、避難時間の計測よりも避難目標地点と避難障害地点の設定の検討が重要になります。

避難目標地点の中には、土砂災害警戒区域外の路上に駐停車した車の中もあり得ますが、便宜上、雨風をしのげて一定の時間滞在可能な屋内の避難場所を、土砂災害ハザードマップと建物の構造・階数の両面から設定します。一般には、公的施設が候補になりますが、秩父市の事例のように旅館や一般民家も考えられます。ただし、その施設の関係者との合意形成が必要となるので、**地図上では公的施設は赤丸印、民間施設は青丸印**など色を変えて区別できるようにすると良いでしょう。

避難障害地点は、レッドゾーンを横断する道路のほか、大雨で冠水しやすい窪みのある道路、溢水しやすい水路にかかる橋などが対象になります。

避難経路を色塗りして矢印を入れる

土砂災害からの逃げ地図も、津波からの逃げ地図づくりと同様に、避難目標地点から逆算し、単位時間ごとに色分けすると良いでしょう。後期高齢者を基準に歩行速度を43ｍ／分とし、避難に要する時間が3分以内の道路を緑色、3～6分を黄緑色、6～9分を黄色というように色分けします。一般に夜間の歩行速度は昼間の80ｍ程度低下することから、歩行速度を34ｍ／分にすると避難行動をイメージしやすくなると思います。雨天時の避難速度もある程度低減することから、秩父市での土砂災害からの逃げ地図づくりでは34ｍ／分にしました。

避難警戒区域外への避難方向を検討したら、一定時間とどまる避難目標地点への避難方向に矢印を入れます。これにより、最も近い緊急避難場所とそこへの最短ルートの避難方向が図示されます。土砂災害からの逃げ地図づくりの意義は、この作業にあります。すなわち、最も近い安全な緊急避難場所とその経路を検討することで、いざという時の避難行動を想像することができます。場所によっては隣の集落コミュニティの集会所に避難した方が近くて安全なことが明らかになります。車で避難する場合には通行と駐車に関するルールをつくっておかないと、いざという時に混乱が生じることもはっきりするでしょう。

集落ごとの避難場所を見直した逃げ地図づくり

秩父鉄道の終点の三峰口《みつみねぐち》駅周辺の秩父市上白久《かみしろく》地区は、土砂災害防止法に基づく基礎調査の結果、その大半が土砂災害警戒区域に指定されました。市の指定避難場所の小学校は川向こうの遠く離れた場所にあり、徒歩での避難は難しい上、それに至る避難経路も崖崩れの危険性が高いことから、住民の間に不安な声が高まっていました。

上白久地区は、古くから3つの区（集落コミュニティ）に分かれており、地震時には各区の集会所に集まる避難訓練を行っていましたが、大雨時については何ら取り決めがありませんでした。ハザードマップでは、各区の集会所がイエローゾーンの外側または端部に位置していたことから、そこを町内の避難目標地点として逃げ地図を作成しました。その結果、所属する区とは関係なく、どちらの区の避難場所に逃げた方が近いかが一目瞭然になり、区の枠組みを超えて避難することが3つの区の間で合意されました。町会指定の緊急避難場所周辺の道路はいずれも車のすれ違いが困難なため、徒歩による避難を原則とし、車の利用が必要不可欠な避難行動要支援者については車を緊急避難場所の近くの駐車場をとめて避難勧告等が解除するまで戻らないことの重要性が明らかになりました。

土砂災害からの逃げ地図づくりプログラム

土砂災害からの逃げ地図づくりのワークショップは、参加者が土砂災害のイメージを共有し、その地域の災害リスクの特性を認識する時間を十分に取る必要があります。できれば一回目は、実際に現地で避難目標地点と避難障害地点を確認し、その結果を地図上に落とすワークショップを開くと良いでしょう。

上白久町会では、逃げ地図づくりに先立ち、①土砂災害警戒区域の範囲、②同区域内の避難障害地点、③同区域内の堅牢な建物、④避難場所の候補となりうる施設の位置と構造等を点検するまち歩きワークショップを実施しました。その際、徒歩で回る3班と、広域を車で回る2班の合計5班に分かれ、1時間程度現地踏査した後、30分程度でその成果を地図上でまとめ、互いに発表しあって成果を共有しました。

第二回目のワークショップは、多数の地元住民の参加者を得て、土砂災害からの逃げ地図づくりを行った。最初に土砂災害と避難情報に関するレクチュアを実施した後、地区を東西に分け、それぞれの避難場所や避難経路の条件設定を厳しいものと緩いものとに分けた徒歩での避難を想定した班と、広域について車での避難を想定した班の合計5班に分かれて逃げ地図を作成しました。

ベースマップ上で自宅の位置と土砂災害警戒区域の範囲を確認した上で（10分間）、第一回ワークショップの安全点検の成果を活用して避難目標地点と避難障害地点を設定し（20分間）、避難経路の避難時間を色塗りし、避難方向に矢印を入れました（20分間）。そして作成した逃げ地図を見ながら、気象庁の大雨警報と土砂災害警戒情報の発表時のそれぞれの避難場所、避難行動要支援者の避難方法、災害時の協力協定等について意見交換し、それらをワークシートにまとめました（30分間）。各班の成果をそれぞれ四分間ずつにまとめて発表し、参加者の間で共有しました。

避難せずにとどまることも記載した逃げ地図づくり

上白久地区に隣接する下白久《しもしろく》地区は、50年ほど前に土石流が発生したことがありました。同地区を構成する3つの区のひとつの集会施設は、レッドゾーンにあり、建築制限がかかっていました。また、市の指定避難場所は遠く離れており、住民の間に不安な声が上がっていました。

こうした状況下、隣接する上白久地区が土砂災害からの逃げ地図づくりを進めていたことを町会長らが耳にしました。そこで、町会長らが秩父市危機管理課に相談し、上白久地区に倣って逃げ地図づくりワークショップを開催することを各区の区長らに提案しました。逃げ地図づくりワークショップのプログラムは上白久地区とほぼ同じで、初回は**土砂災害防止法に基づく基礎調査結果の地図**を持って荒川沿いエリアの2班と谷津川沿いのエリアの合計3班に分かれ、1時間程度現地踏査を行った後、30分程度でその成果を班ごとに用意した白地図上に記入し、発表しあって成果を共有しました。第二回目は、消防団員や旅館経営者らの参加も得ました。最初に大学の専門家から30分程度、土砂災害と地区防災計画に関するレクチュアを聞いた後、3つの区ごとに分かれ、逃げ地図を作成しました。

土砂災害からの逃げ地図づくりを通して、地区住民の間で、大雨時に緊急避難場所などへ水平移動して避難する必要があるエリアと屋内待機した方が安全なエリアに関する共通認識が広がりました。レッドゾーンに敷地の一部がかかっていた区の集会施設は大雨時の緊急避難場所とせず、そこに近接し一時滞在可能な民間施設を町会指定の緊急避難場所としました。また、区の集会施設への避難が困

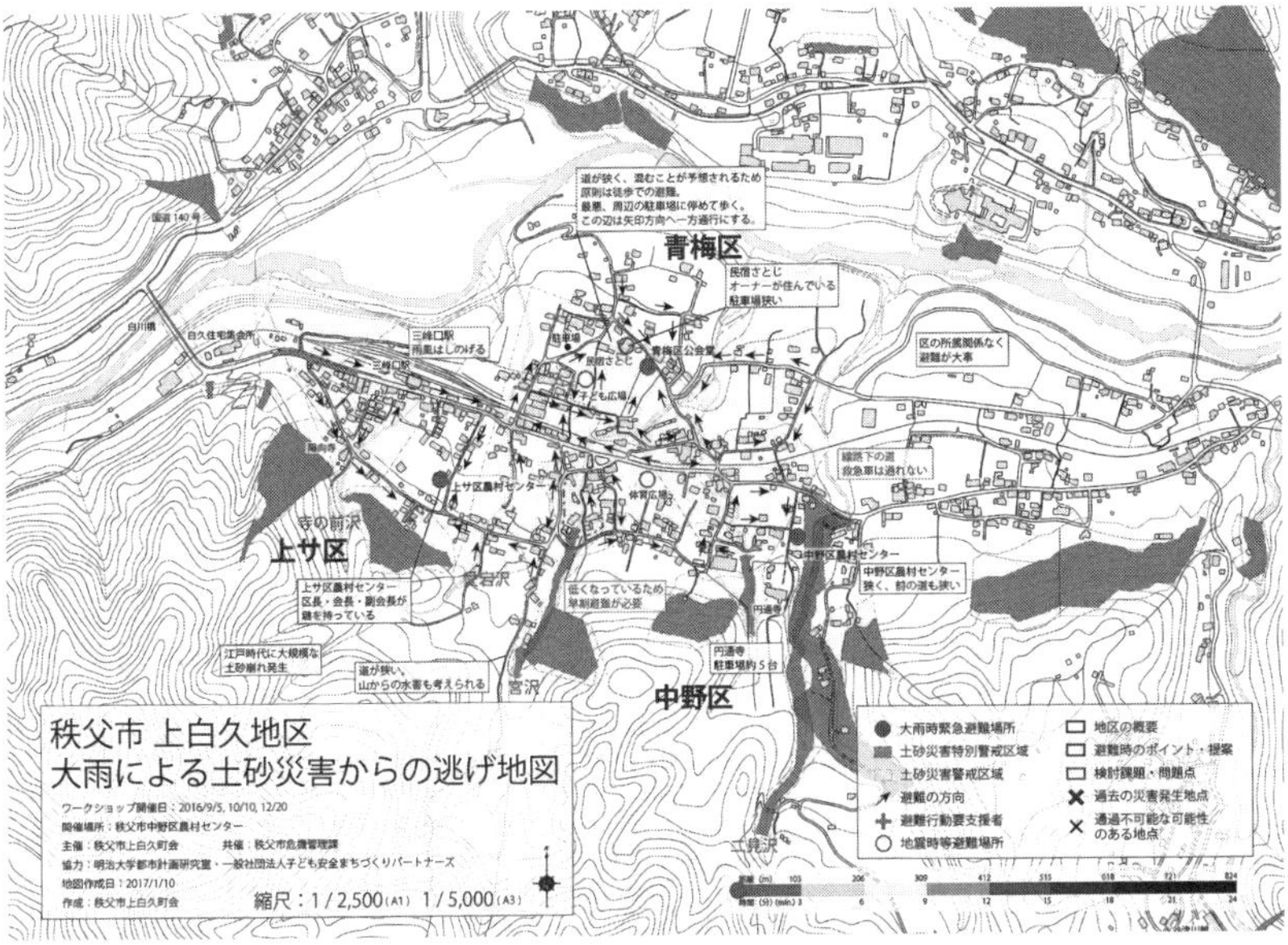

難なエリアにある谷津川沿いの区域については、民間の宿泊施設の協力を得て町会の緊急避難場所として指定することができました。区の集会施設に駐車場がなく、そこに至る道路が狭いエリアについては、逃げ地図上に車の通行規制を明示するとともに、関係地権者の協力を得て緊急時に駐車可能な民有地（空き地）を逃げ地図上に書き込みました。

3 津波と土砂災害からの逃げ地図づくり

木下 勇

「いったいどこへ逃げたらいいの」

「いったいどこへ逃げたらいいの」。これは河津南小学校（52頁参照）で5、6年生相手に行った逃げ地図づくりにて、ハザードマップの津波浸水域の地図と、土砂災害警戒区域の地図を見てつぶやいた子どもたちの声です。伊豆はその地質の成り立ちから土砂崩れしやすい地盤で、集中豪雨や地震で頻繁に土砂崩れが起きているだけに、地震の津波から高台避難と言ってもその高台が土砂災害警戒区域、特別警戒区域と重なっているところが多いのです。そのハザードマップを見て、「いったいどこへ逃げたらいいの」と感じるのは子どもだけではありません。

図表1　津波と土砂災害の複合災害

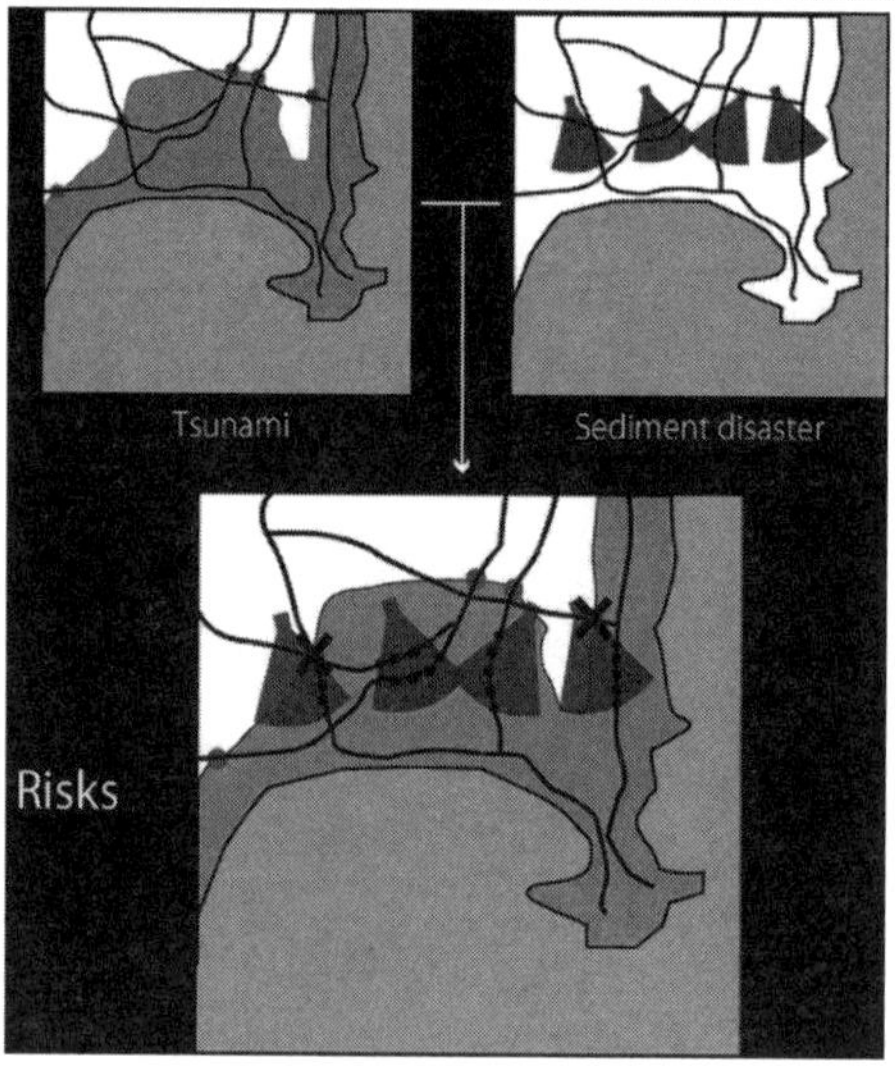

授業では10数回の授業の中で、東大地震予知研究センター長の平田直教授を招いて講演していた

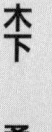

図表2　急傾斜地崩壊危険箇所には避難できない想定の津波からの逃げ地図

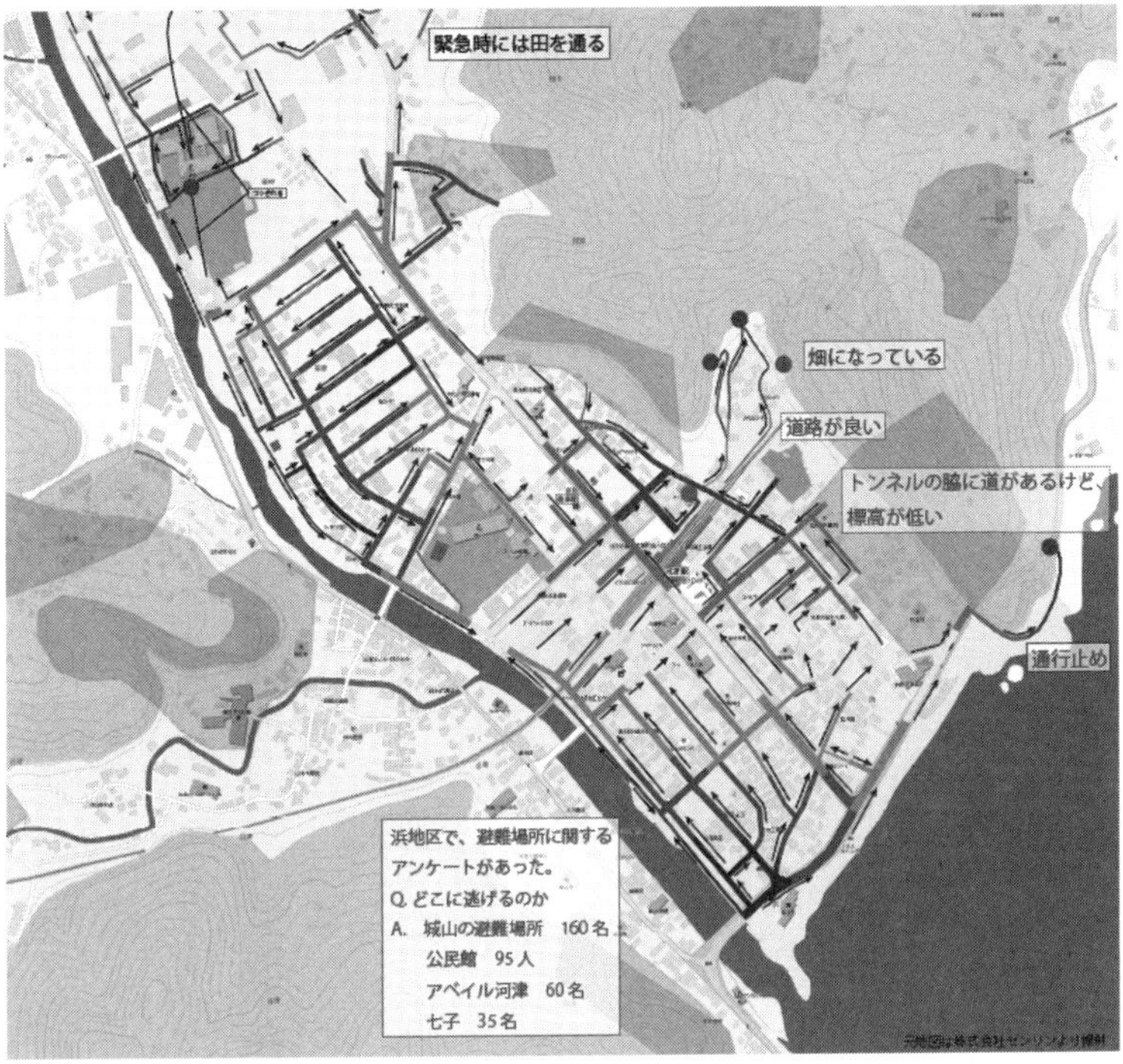

だく機会を得ました。その平田教授の話では、津波浸水域は南海トラフ沖地震のレベル2の地震が起きた時を想定しているので、そんな沖合の地震で土砂崩れが同時に起きることは考えられにくいとの話で一安心。しかし、雨で土砂が緩んでいると可能性はあるという話で、一安心後にまた不安になりました。するとある男の子が山の斜面でも崩れやすいのとそうでないのがある、とボソッと言ったのです。その声を聞き漏らさず、理由を尋ねると、「山で遊んでいて固いところとそうでないところがあるので」との回答を得ました。その後、県の防災担当の方に聞く

と、土砂災害警戒区域の指定にあたっては、机上で地形や地質から考え、現地調査をしながらも指定しているが、全ての地域で現地調査をしているわけではないし、その範囲の境目はそれほど厳密ではないので、かかっている、かかっていないという境目などは誤差範囲との話でした。やはり、そのハザードマップを頼りに地元で現場を点検することの重要性を認識しました。

いずれにせよ、この伊豆の河津町や下田市、そして南伊豆町は南海トラフ沖地震の場合には下田市の中で最大は津波高さ33mで最短到達時間13分と報道されたので、地元は大パニックとなりました。下田市では庁舎移転問題が二転三転する大騒動となりました。

避難場所の点検をしてみる

しかし、逃げ地図づくりワークショップを行って実感するのは、地図上で指定された高台の避難場所の現在の状態を多くの人が昔の記憶で語り、現状についてはあまり今では足を運んでいないで、実際は知らないということでした。逃げ地図づくりの時にここを通っていけると言われた場所に、後に私たちだけで訪ねてみますと、その道が崩れたり、木が倒れていて通れなかったり、いざという避難の時に使えるか疑問のところも少なくありませんでした。

河津南小学校では総合的学習の時間を使って、逃げ地図づくりの後に現場を地域の方と点検して、有意義な成果を得ました（前述）。このように逃げ地図づくりをきっかけに不安なところを洗い出し、一つずつ検証して、確実な逃げ道、逃げ場所を点検して確保していく作業が大事になります。

避難場所の見直しから整備へ

繰り返しますが、その現場点検から安全な避難場所とそうでないところを区別して、確実に安全な避難場所を定めていく作業が重要です。もしその結果、足らなかったら、新たに安全な避難場所を探して指定していく見直しの作業が必要です。場合によって、安全な避難場所が高台にあるが、道がなく、急な崖という場合に、階段を整備する必要があるかもしれません。そのような場合でも必要とあれば、その整備の必要性をうたって、寄付等で集めた自己資金に行政の方から可能な補助事業を探してもらうなど、すぐに整備できる方法を考えて実行することが大事です。とにかく、不安をそのままにしないことです。不安が漠然なら逃げ地図づくりワークショップでその不安が何によるものかが、具体的に分かってきます。その不安要因を一つずつ消していくことが整備につながります。それも優先順位をつけながら計画立てて、ことある機会にその計画を出しながら整備につなげていくことが肝心かと思います。

条件を変えて逃げ地図づくりをしてみる

どこの避難場所が使えなかったら、避難はどうなるか、どの避難場所が重要か、といった検討をするには逃げ地図づくりのワークショップでグループごとに有効な避難場所、そうでない避難場所などの条件を変えて、逃げ地図づくりをしてみて、避難のルートの色がどう違うかという見比べをしてみるといいでしょう。一目瞭然に、どこの避難場所は外せない、またはこの地域に新たに必要というこ

図表3 高台避難場所の再検討から新しい避難場所へ関心が向く会話の例

避難タワーの例（南伊豆町弓ヶ浜）

とが分かってきます。

避難タワーの検証

高台に避難が遠い、海岸に近い地区には避難のために避難タワーを整備しています。南伊豆町の湊地区では弓ヶ浜海岸の松林の中に避難タワーが整備されました。その背後の居住地の人たちは、その避難の時は避難タワーが近くても高台側に避難する意識でいました。それは津波が来るのに海に向かって避難する気持ちにならない心理が働くからです。逃げ地図づくりワークショップで避難タワーを避難場所として避難する場合と、そこを避難場所としないで、高台の避難する場合とでグループに違いをつけて逃げ地図をつくると、避難ルートの道の色に歴然と違いが表れました（図表4）。それによって、高台に逃げる時間がなかったら避難タワーに逃げた方がいいと、その避難タワーの近くの人たちは理解したのです。さて、その避難タワーは普段はまったく使われていません。それはもったいないことです。避難タワーの一番上は見晴らしがいいところです。夏はビアガーデンをやるに最高などという声があるのに残念です。あの階段の数を上るのは体力を使いますが、普段から健康づくりのために階段を登ることをしたり、日常に使ってこそいざという時に人々が逃げる場所にイメージするものです。逃げ地図づくりでは上に上りきるのに、緑、黄緑と6分はかかるとみて、タワーの下からは黄色から3分ごとに色を塗っていきました。

図表4　避難タワーに避難しない場合（右）と避難する場合（左）の比較

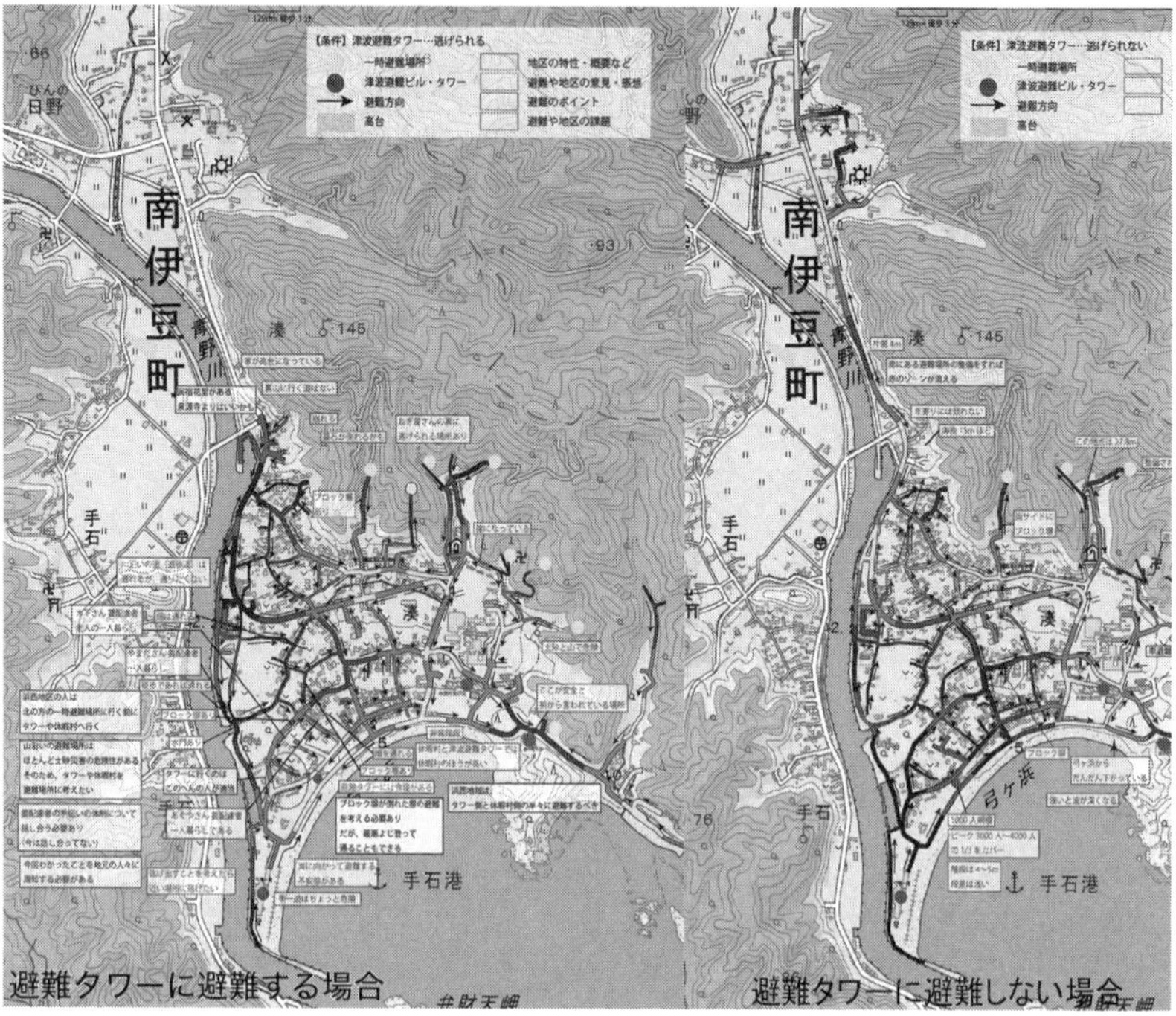

避難ビルの検証

避難タワーの建設には膨大な費用があるので、浸水域より高いビルがある場合には、そのビルのオーナーと協議しながら、いざという時の避難ビルとして使わせていただくことを決めておくということも次善の策となります。行政側から働きかけて避難ビルを指定することがよく行われますが、その指定の仕方、協議の仕方、それから周辺の住民との協議が不十分であると、いざという時にうまく機能しないことが予想されます。

逃げ地図づくりでは避難ビルに逃げた場合と避難ビルに使わない場合などを比べて、本当に必要な避難ビルを再確認し、そのオーナーと準備体制をさらに強化するようにコミュニケーションが発展する契機ともなります。

避難ビルを一度指定したら、そのまま放っておかれていたり、周辺の住民も知らないという場合も少なくありません。実際に非常階段は高齢者に登れるのか、屋上に何人が収容できるのか、東日本大震災の場合にあったように冷たい夜の一夜を過ごすとしたら、防寒などはどうするのか等、いろいろ検討することがあります。逃げ地図づくりはそういう避難ビルに対して、オーナーと周辺住民とともに認識を高めていくリスク・コミュニケーションに役立つものです。

普段から海、山で遊ぶ必要性

前述の崩れやすいやわらかい山の斜面と固い斜面の違いを理解していた子どもは普段、山の斜面を見るところで遊んでいる子どもでした。そういうように、外で遊び、地域の活動などにも参加している子どもの方が防災の意識も高いという結果が、その後に行った調査で明らかになりました[1]。

生活防災へ

生活防災という考え方があります。生活防災とは「生活総体に根差した防災・減災実践のことであり、生活文化として定着した防災・減災にかかわる基本原則」[2]と定義されています。日常生活の関わりの中で災害に向き合うことができ、自然な形で防災意識を醸成できることが指摘されています。

図表5 津波避難ビルの検証例

協定締結年	2000年			2005年	2011年		
所有者＊	個人			法人			公共
建築年＊	1993年	1994年	1998年	1985年	2011年	1984年	2004年
構造階数	S造 4階建	RC造 5階建	RC造 6階建	RC造 6階建	RC造 2階建	RC造 5階建	RC造 3階建
延床面積＊	580㎡	1,036㎡	775㎡	666㎡	882㎡	849㎡	1,309㎡
主な用途	店舗・住宅	店舗・住宅	病院・住宅	店舗	金融施設	ホテル	庁舎
外観写真							
避難場所	屋上	屋上	屋上と6階	屋上	屋上	屋上	屋上
避難面積＊	145㎡	207㎡	129㎡	192㎡	300㎡	170㎡	407㎡
収容人数	70人	70人	80人	100人	250人	100人	400人
※視認性	○	○	×	○	×	×	×
※施錠有無	常時無施錠	常時無施錠	夜間施錠	無施錠	夜間施錠	無施錠	解錠可能

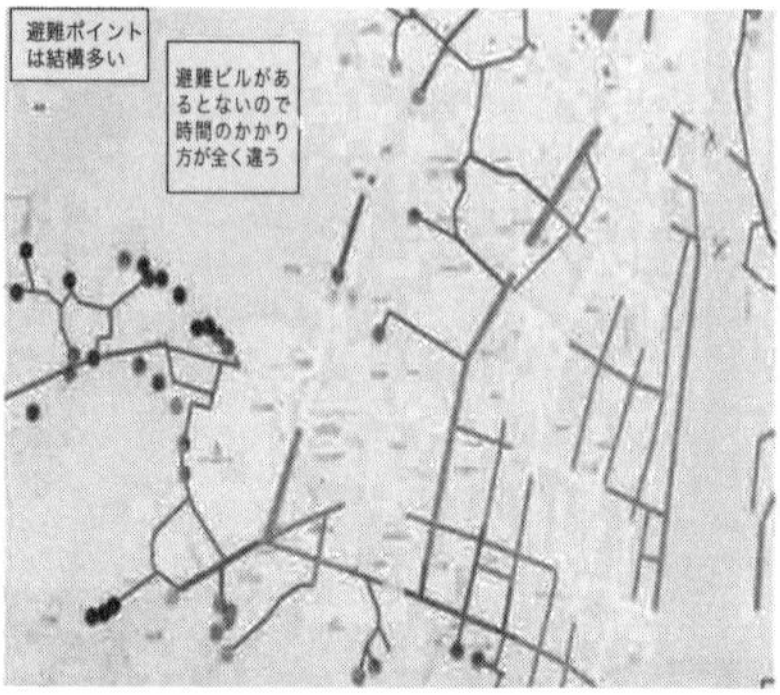

津波避難ビルに避難しない場合の逃げ地図（一部）

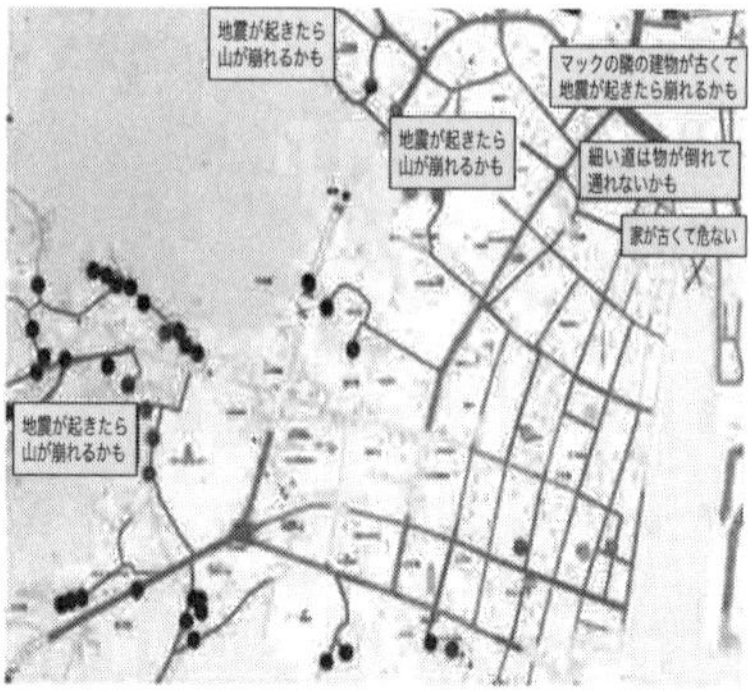

津波避難ビルに避難する場合の逃げ地図（一部）

※左側の地図は赤色が多く、右側は緑色が多くなっている。

図表6 「地域をよく知っている」と防災知識のクロス集計

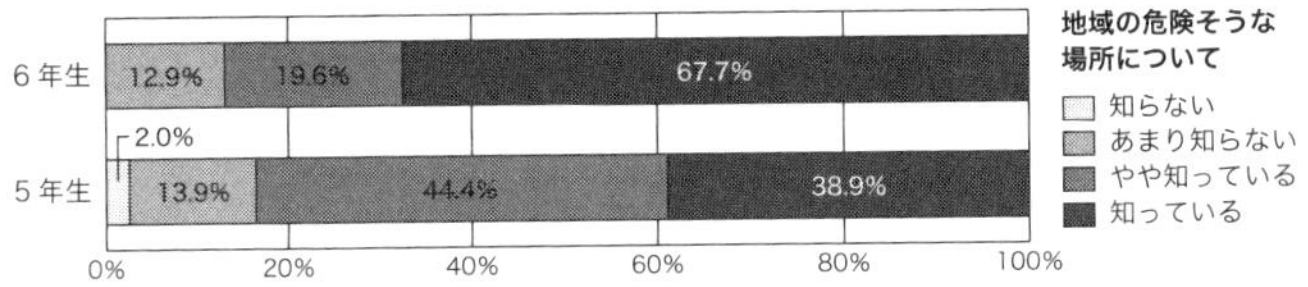

自分の住んでいる地域をよく知っている						合計	有意確率
		そう思わない	あまり思わない	やや思う	そう思う		
地区のハザードマップについて	知らない	9 8.0%	25 22.3%	47 42.0%	31 27.7%	112	*
	知っている	1 1.2%	8 9.3%	48 55.9%	29 33.7%	86	
地域の津波到達時間について	知らない	10 6.9%	28 19.3%	66 45.6%	41 28.3%	145	*
	知っている	0 0.0%	5 8.9%	31 55.4%	20 35.7%	56	
地域の高台がどこにあるのか	知らない	5 7.9%	16 25.4%	24 38.1%	18 28.6%	63	*
	知っている	5 3.8%	17 12.8%	70 52.6%	41 18.3%	133	
土砂崩れが起きそうな場所がどこか	知らない	6 8.5%	19 26.8%	33 46.5%	13 18.3%	50	*
	知っている	4 3.1%	14 10.9%	63 49.2%	47 36.7%	145	
津波から避難できる高い建物がどこか	知らない	7 14.0%	14 28.0%	17 34.0%	12 24.0%	71	**
	知っている	3 2.1%	18 12.4%	78 53.8%	46 31.7%	128	
地域の危険そうな場所について	知らない	8 10.1%	15 19.0%	35 44.3%	21 26.6%	71	*
	知っている	2 1.6%	18 14.6%	63 51.2%	40 32.5%	128	

＊＊：p＜.001　＊：＜p.05

また、地域及び地域活動への関心が防災行動を促す影響を与えることを示唆されています[3]。人々の生活があまり山を利用しなくなり、高台の避難場所の状況も利用されないと荒れていくばかりです。普段から利用していることが、いざという時にあわてない、まよわない、落ち着いた迅速な避難につながります。では普段利用しないなら、どうしたら日常、人々が利用する場になるか、考え出すことが地域の空間を使い、人々の断ち切れたつながりを再びつなぎ、安心してくらせるまちづくりにつながっています。逃げ地図づくりはそういう意識に人々を向かわせていくきっかけにもなるものです。

1 寺田光成・木下勇他「河津町における子どもの屋外活動・地域活動と防災意識に関して―多様な災害からの逃げ地図の作成・活用に関する研究（12）」日本建築学会大会学術講演梗概集（中国）2017年8月、pp. 443～444）
2 矢守克也『〈生活防災〉のすすめ』ナカニシヤ出版、2011年
3 清水裕「大学生の防災行動の実態と防災行動を規定する要因」日本社会心理学会第50回大会・日本グループダイナミックス学会第56回大会合同大会発表論文集、pp. 1026～1027、2009年）

4　洪水からの逃げ地図づくり

山本　俊哉

頻発する大洪水をめぐるリスク・コミュニケーションの課題

近年、世界各地で洪水の被害が深刻化しています。洪水が頻発しているだけでなく、被害も大規模化しています。例えば、年間雨量の少ないイランでは、２０１９年４月も各地で大洪水が発生し、70人以上が犠牲になりました。**地球温暖化に伴う気候変動**が引き起こしたことは疑いありません。日本では近年、**台風と前線の作用による豪雨が大規模化**し、観測史上最大規模の大雨による洪水が多発しています。東北や北海道はこれまで台風の上陸は稀でしたが、例えば、２０１６年８月には４つの台風が上陸して堤防が決壊して多数の人的被害が生じたことはまだ記憶に新しいでしょう。

これまで経験したことがない大雨により大きな被害が発生しているわけですが、**避難情報の不足による逃げ遅れで命を失うケースが大きな課題**になっています。２０１８年７月の西日本豪雨は、一般市民の災害リスクに対する認識の欠如が重要な課題として浮き彫りになりました。各行政機関は、東日本大震災の教訓をもとに、ハザードマップを作成・配布し、住民の防災意識を喚起してきました。しかし、「自分は大丈夫」と思い込む**正常性バイアスの心理**が働き、ハザードマップは他人事として受け止められていたことが露呈しました。経験したことのない大雨が発生した時に、身近な地域では何が起こるのか、想像力を働かせて自ら取るべき行動について話し合うリスク・コミュニケーションがますます重要になっています。

どういう想定の洪水を警戒するか?

国土交通省と都道府県は、河川が氾濫した場合に浸水が想定される区域を浸水想定区域として指定し、その区域図を公表してきました。ところが、その想定された降雨以上の大雨が各地で多発しています。つまり、想定区域より広い範囲で浸水し、水深も大きくなる危険性が生じています。鬼怒川の堤防が決壊した２０１５年の関東・東北豪雨を受けて改正された水防法は、**ハードでは守りきれない大洪水は必ず発生する**という考え方に立ち、浸水想定区域図の対象とする降雨は、**想定し得る最大規模の降雨**に変わりました。現在、この新たな基準に基づく浸水想定区域図の作成が各河川で進められています。

武家屋敷の街として知られる金沢市長町地区の水害ハザードマップには、犀川《さいかわ》の2日間の総雨量８６０㎜という１０００年に1回程度の降雨を想定した地図と、犀川の2日間の総雨量３１４㎜という１００年に1回程度の降雨を想定した地図の二種類が載っています。後者の場合は浸水のおそれがありませんが、前者の場合は**犀川の堤防が削られて建物の倒壊が想定**される区域が犀川から約１００ｍの範囲に広がり、**地区一帯が一階の軒下まで浸水**し、地盤がやや低い場所では2階部分が浸水するケースが想定されています。こうした状況を受け、２０１９年6月には金沢青年会議所の金沢強靱化委員会が声がけして地元町内会の役員や防災士などの関係者が多数集まり、最大規模の降雨を想定した前者の

図表1　金沢長町地区の洪水ハザードマップ

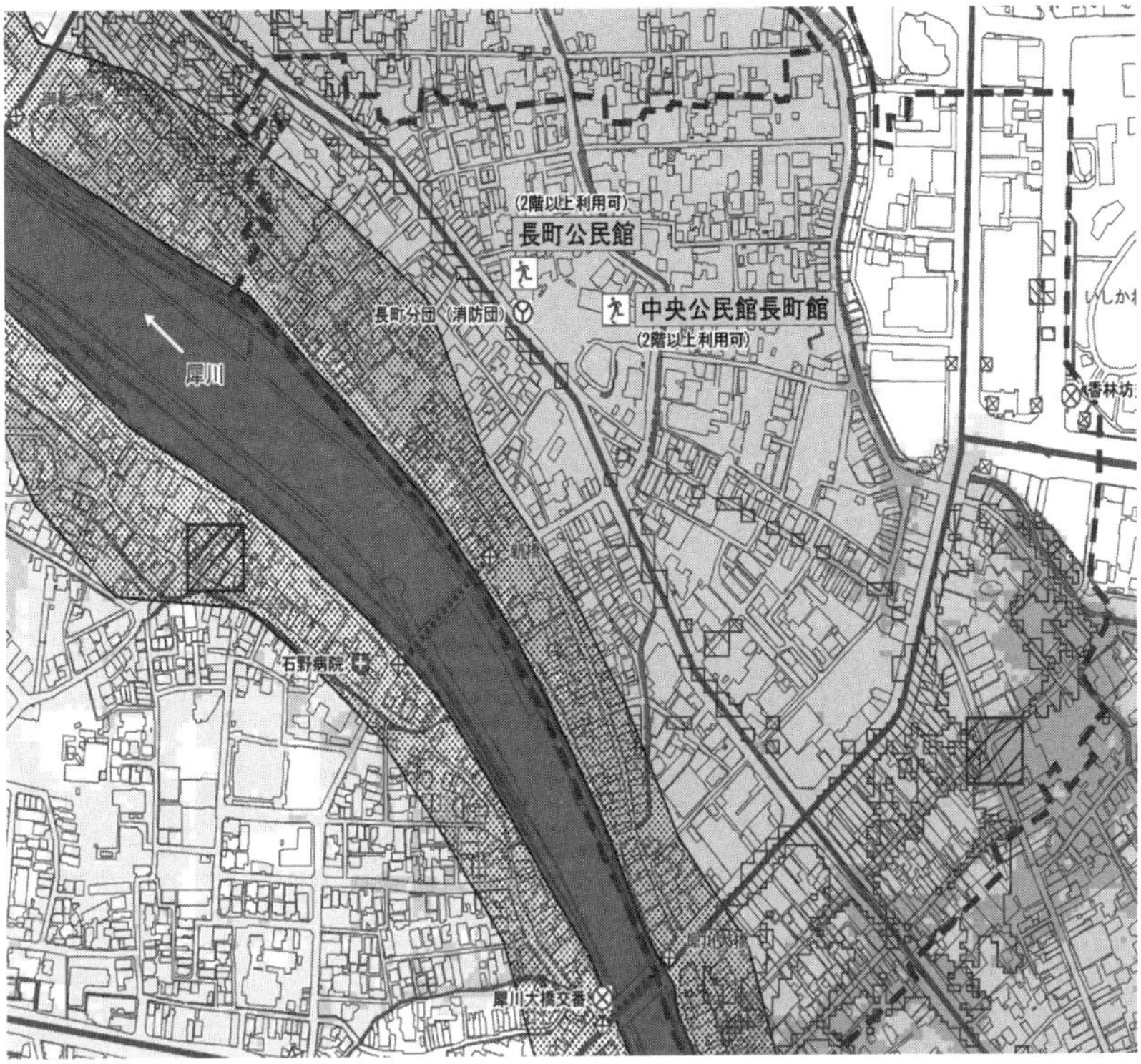

ケースの逃げ地図づくりワークショップが開催されました。

新たな基準の洪水ハザードマップを読む

身近な地域がこの新たな基準の浸水想定区域に含まれているかを確かめたい時には、国土交通省ハザードマップポータルサイトを見ると一発で分かります。多くの場合、リンク先の市町村のホームページに公表されている洪水ハザードマップに飛びますが、市町村によっては想定最大規模に対応した洪水ハザードマップがアップロードされていない場合もあります。5

年以上前のハザードマップであれば、河川を管轄する国土交通省の地方整備局の災害情報普及支援室のサイトにアクセスしてみてください。

京都府北部の福知山市内を流れる由良川《ゆら》は、洪水の常襲地域として知られています。1953年には堤防が決壊して死者36名、床上浸水の5000戸以上の水害をもたらしました。その経験から高い河川堤防を築いて治水対策を施しました。その後も床上浸水の水害が何度も頻発しましたが、堤防は決壊しませんでした。ところが、その堤防が決壊する新たなハザードマップが2018年3月に公表されました。それによると、由良川から約300mの範囲内は**家屋の倒壊を伴う氾濫流**が押し寄せ、福知山駅北口から由良川までの中心部一帯が3階まで浸水する洪水が想定されていました。**想定される浸水継続時間も表示**され、緊急避難場所に指定されている小学校や福祉会館に避難したとしても、周囲は2日間浸水しているおそれがあることが分かります。

いつ、どこに逃げるのか?

最近、大雨の際に発表される気象庁や市町村が発表する**防災情報に5段階の警戒レベル**が付けられて発表されるようになりました。2018年の気象警報や避難勧告などの様々な防災情報が出されましたが、必ずしも住民の避難行動に結びついていないことが契機になりました。

5段階の警戒レベルは、最も低いレベル1が最新情報に注意し、レベル2は避難方法を確認する段階です。洪水から逃れるには、気象警報に注意し、その場所から立ち退いて別の建物などに避難するか、その

図表2　気象庁や市町村が発表する防災情報の警戒レベル

警戒レベル	住民がとるべき行動	市町村が発表する避難情報など	気象庁等が発表する気象情報など
5	命を守る最善の行動を	災害の発生情報	大雨特別警報 氾濫発生情報
4	全員避難	避難勧告、 避難指示（緊急）	土砂災害警戒情報 氾濫危険情報
3	避難準備 時間のかかる人は避難	避難準備・高齢者等避難開始	大雨警報洪水警報 氾濫警戒情報など
2	避難行動の確認	注意報	氾濫注意情報など
1	災害への心構えを高める	早期注意情報 （警報級の可能性）	

（高↑危険度）

建物内にとどまり、上階に移動して安全を確保するかを判断する必要があります。そのためには、まず日頃から、大雨の時には近づかない方が良い場所をあらかじめチェックしておく必要があります。水があふれる恐れがある河川や用水路のほか、冠水の危険性の高い立体交差の下側の道路も要注意です。また、冠水しやすく、水圧でドアが開かなくなって逃げ遅れる危険性の高い地下や半地下の空間には近づかないようにする必要があります。逃げ地図づくりワークショップは、いつどこに逃げたら良いかをみんなで確認しあう好機になるでしょう。

警戒レベル3は、気象庁から大雨警報・洪水警報が出され、市町村が「避難準備・高齢者等避難開始」が発令される段階です。避難情報の名称どおり、**高齢者など避難に時間がかかる人は避難の準備を開始**して、安全な場所に早めに避難することが求められます。

警戒レベル4は、川の水位が高くなり、氾濫危険情報が出され、市町村から避難勧告などが発令される段階です。高齢者だけでなく避難警戒区域内に居る全員が危険な場所から避難する段階です。一晩を明かさなければならない場合は、指定緊急避難場所に辿りつくまでに危険な場所がある場合は、**自動車で避難警戒区域外に移動して駐停車して安全を確保**する方法もありますし、**高くて堅牢な建物に居る場合は上階に留まる**のも手です。

歩行が困難になる浸水深は、大人の男性は70㎝以上、大人の女性の場合は50㎝以上であることが知られていますが、**子どもや高齢者は20㎝以上で歩行が困難**になる場合があります。自動車の場合も、水深15～20㎝であれば問題なく走行できますが、タイヤのホイルの半分までの30㎝前後になると、途中で停車した時にエンジンの吸気口に水が入り、エンジンが止まる場合があります。排気管が塞がれ、室内に排気ガスが入り、二酸化炭素中毒になる場合もあります。

最も高い**レベル5**は、**災害が発生する段階**です。**できるだけ高い場所に移動**するなど少しでも命が助かるような行動をとる必要があります。氾濫した水は、勢いが強いので水深が大人の膝程度の50㎝あると大人でも歩くのが困難になります。茶色く濁っており、水路と道路の境や、ふたが開いているマンホールの穴は、見えません。**屋外に出て避難すると、かえって危険**な場合があります。

洪水からの逃げ地図づくりワークショップの事前準備

洪水からの逃げ地図づくりワークショップは、土砂災害の場合と同様、事前準備がとても重要です。ハザードマップをよく見て、その地域で発生する洪水の想定をよく確認した上で、逃げ地図づくりワークショップの目的を再確認する必要があります。ハザードマップをしっかりと見たことのない人々を集めて、「我がこと意識」を高めたいということであれば、河川の氾濫や早期避難のイメージを地域の関係者が共有するために開催すると良いでしょう。他方、様々な取り組みを進めてきて防災意識が高い地域では、避難場所・避難経路の検討をはじめ、徒歩による避難、要援護者の避難など、避難に関する課題を出し合うためという目的設定でも良いかと思います。いずれにしても主催者は、その地域に関するこれまでの取り組みや課題について、**市町村の危機管理課等の関係行政機関や地元町会等の関係者にヒアリング**しておくと良いでしょう。

次に、ハザードマップを見ながらベースマップの範囲を検討します。洪水の場合は、浸水区域が広いため、対象地域や地図の大きさ、逃げ地図づくりの時間等によっては、地図の一部になるか、何枚かの地図に分かれる場合があります。

避難目標地点と避難障害地点は、まずハザードマップで確認します。避難目標地点は、津波と同様、浸水想定区域の境界線と道路等の交点のほか、小中学校や公民館等の指定避難場所（建物）等になります。その他に、公益性の高い施設や中高層の公共住宅が候補になります。ただし、公共住宅は、共用階段が開放状態にある住棟に限られます。これらの建物が道路から離れている場合は、建物入口が避難目標地点になるため、門から建物入口までの通路をベースマップに記入しておくと良いでしょう。避難障害地点は、鉄道高架下のアンダーパス等、内水氾濫でもよく浸水する場所が対象になります。時間があれば、**事前に現地に行き、高低差や周辺状況をよく確認**することをお勧めします。

洪水からの逃げ地図づくりワークショップのプログラム

洪水からの逃げ地図づくりも、土砂災害からの逃げ地図づくりと同様に、ハザードマップをもとに災害のイメージを膨らませることが重要です。そのため、逃げ地図づくりのグループワークを始める前に30分程度でも良いので、逃げ地図づくりの手法の説明と合わせて、**洪水時の避難に関する留意事項について講演**をしてもらうと良いでしょう。

グループワークは、ハザードマップや地域の水害履歴をもとに洪水の危険性について共通認識を得ることが重要です。ハザードマップをよく見て、**避難目標地点に●印、避難障害地点に×印**をつけながら、過去に浸水した場所の情報やいざという時に避難できる安全な場所に関する情報を共有しましょう。最低でも10分間はとりたいところです。

避難目標地点までの避難時間を3分ごとに色わけして矢印を入れる作業の要領は津波などと同じです。河川の氾濫による洪水を想定すると、色を塗る範囲が広い場合が多いため、河川の左岸か右岸かのいずれかにするなど、班ごとに色を塗る範囲を分けて逃げ地図をつくるプログラムを用意しましょう。

車による避難の問題を実感する逃げ地図づくり

洪水からの避難は、早いに越したことはありません。しかし、人は危険が迫らないと避難しないものです。前述した福知山市では、2004年に由良川が危険水位を超えたことがありました。市は1万6千人に避難指示を出しましたが、市内の避難所に向かったのは約2千人しかいませんでした

図表3　福知山市の中心市街地の洪水からの逃げ地図

（京都新聞・2004年10月22日）。

その福知山市で実施した洪水からの逃げ地図づくりワークショップは、風雨が強まると徒歩でなく車で避難するという地元の意見から、徒歩だけでなく車を使った逃げ地図も作成しました。その結果、**避難時に特定の道路に集中して深刻な渋滞になる危険性**が浮き彫りになりました。鉄道の連続立体化で踏切がなくなりましたが、高台に向かう道路は限られていました。このワークショップでは、**東日本大震災時の車の速度が平均150m／分**だったという国土交通省の調査結果を踏まえて、3分間の移動距離を450mにして色を塗りました。終了後に参加者から「避難時に大渋滞が発生する状況が目に浮かんで、少し恐ろしくなった」「車による移動が不便で、歩いた時と時間はあまり変わらないことが分かった」「適切なタイミングで適切な場所に避難する意識が重要」との意見が寄せられました。

埼玉県坂戸市で開催された洪水からの逃げ地図づくりでも同じような意見が寄せられました。坂戸市の対象地区にも鉄道と立体交差のアンダーパスがありました。大雨が降るとよく冠水する箇所として知られていましたが、その近くには高台への避難経路になる道路が少なく、大渋滞することが実感を持って受け止められたようです。同時に、**早い時間帯に避難することや高い建物に垂直移動する重要性**が共通認識となりました。

逃げ地図づくりを通した地域間の連携の促進

金沢青年会議所が主催した逃げ地図づくりワークショップでは、対象地区内を流れる用水が溢水した時の心配に対して「私の家では代々、用水の水門の管理をしています」という人が現れて安心の説明がなされ、次に「用水の向かいに住んでいる者ですが、大雨時にはいつも水位が低くなっています。管理されている方、ありがとうございます」という発言があり、暖かい雰囲気に包まれました。

坂戸市で行われた逃げ地図づくりワークショップは、同地域の西入間青年会議所が新潟県の南魚沼市を中心とした雪国青年会議所との連携促進のために開催されました。大地震が発生した時には、互いに支援し合えるようにと会員交流を進めてきましたが、大洪水を想定した具体的な取り組みはなされてきませんでした。この日のワークショップでは、互いにそれぞれの地域の逃げ地図をつくって発表し合い理解を深めた後、混成グループに再編成して、大洪水が発生した後の支援体制についてグループに分かれて話し合いました。限られた時間でしたが、今後検討すべき課題が明確になり、共通認識を得ることができたそうです。**逃げ地図づくりが地域間の連携を促進する好機**となりました。

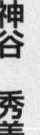

5　地震火災からの逃げ地図づくり

神谷　秀美

地震火災は過去のこと？

「地震だ！　火を消せ！」という標語が以前は良く使われました。大きな地震が発生すると可燃物の散乱や家屋被害などによって火災が発生しやすくなり、大火災につながる可能性があるからです。地震そのものの犠牲者よりも大火災による犠牲者の方が多くなる場合もあり、１９２３年の関東大震災では死者約10万人のうち**約９割が大火災による犠牲者**だったことは有名な話です。１９９５年の阪神淡路大震災でも神戸市長田区などで大火災が発生し、**火災による犠牲者は４００人以上**と言われています。

その後、建物や市街地を燃えにくくする不燃化対策が進み、近年は「もはや、市街地での大火災は心配しなくても良いのではないか」との気運も漂い始めていましたが、２０１６年には糸魚川市で大火災が発生しました。強風に煽られた火災は、県内外の19消防本部による懸命の消火活動にも関わらず約30時間継続し、延焼範囲は約４００００㎡に及びました。幸いにも死者は発生しませんでしたが、現在の市街地でもまだ大火災が発生する可能性があることを思い知らされる火災でした。しかも、平常時においてさえ大火災が発生し得るのですから、地震時はなおさらです。やはり、地震火災への備えは現在でも忘れてはならない重要な防災対策の一つと言えます。

地震時の市街地火災の特徴

地震時の火災には、平常時とは異なる3つの特徴があります。①**同時多発火災**であること、②消防車両の不足や断水、道路閉塞等により**十分な消火活動が行えない**可能性があること、③その結果、燃えるに任せた**放任火災**になりやすいことの3つです。

例えば、阪神淡路大震災の神戸市では地震当日に110件の火災が発生しています。当時、神戸市消防局が保有していた消防車は100台だったので、各地からの応援隊が到着するまでは1台の消防車が複数の火災現場へ転戦を重ねなければならなかったそうです。また、断水等により消火用水が不足した地域では円滑な消火活動が行えず、火災が大規模化していきました。大火災への対応には河川水や海水も使用せざるを得ず、火災現場から1・2㎞離れた海から7台の消防車を中継して送水する場面も見られました。地震当日は風が弱い日でしたが、大火災の現場では火災発生から鎮圧（延焼拡大の危険がなくなった状態）までに概ね24時間を要しています。

阪神淡路大震災の火災被災地

　このような地震火災の特徴を考えると、地震時の出火防止対策や初期消火活動ももちろん大切ですが、それに加えて、いかに安全に避難するかを考えておくことが非常に重要になるものと思われます。

地震火災が心配される市街地（自宅周辺の地震火災の危険度を知る手がかり）

　地震火災からの逃げ地図づくりの第一歩は、自宅周辺の地震火災の危険度を知ることから始まります。その一つの手がかりとして、国土交通省が公表した「**地震時等に著しく危険な密集市街地**」があります。平成24年の公表時点では17都府県に197地区、計5745haあるとされ、平成29年度末時点でもまだ3422haが残っているとされています。自宅がこの地区に含まれているようであれば地震火災を心配する必要があることは言うまでもありません。しかし、この地区に含まれていないからと言って心配がないわけではありません。2016年の糸魚川市では、この地区に含まれていなかった市街地で大火災が発生したのです。

　そこで、地震火災の危険性を判断するもう一つの手がかりを紹介します。都道府県や政令指定都市等では地域防災計画の見直しなどに伴って**地震被害想定調査**や**危険度調査**を実施しています。その成果として、想定される火災被害の分布図や危険度マップが作成・公表されている場合もあり、それを見ると自宅周辺で地震火災の発生が想定されているかどうかが把握できます。それらの資料が手に入らない場合は自宅周辺の市街地状況を観察し、木造の建物が隙間なく軒を連ねているようなエリアがあれば地震火災の可能性があると判断できるでしょう。

どこに逃げるか？～安全な避難目標地点を確認しよう！

火災は非常に大きな熱と高温で有毒な煙を発するため、炎に触れなくても近くに居るだけで被災する可能性があります。ですから、大火災の場合には地区内に留まることは危険であり、地区外への避難を考える必要があります。そのような場合に備えて、災害対策基本法では市町村が安全な場所に指定緊急避難場所を指定することを義務付けており、国土交通省では大火災時の避難場所についての計画基準を示しています。国土交通省の基準では、**大火災からの避難場所の規模は10ha以上**（周囲を耐火建築物や防災緑地等で囲まれている場合は10ha未満も可）とされています。これは、周囲に火災が迫った場合に、人体が耐えられる限界の熱量である2050kcal／m²h以下となる安全な避難可能領域を確保しようとすると、このくらいの面積が必要になるという計算によります。

大火災時の指定緊急避難場所は各市町村が作成している防災マップや地域防災計画に記載されています。地震火災からの逃げ地図づくりではそこが最終的な避難目標地点となるわけですが、近くにそのような大規模な空地がなく遠くの指定緊急避難場所まで避難しなければならない場合もあります。そのような場合は最寄りの避難路を通って指定緊急避難場所へ避難することを想定し、**避難路を避難目標地点に設定**することも考えられます。国土交通省は避難路の基準も示しており、**道路の場合は幅員15m以上、緑道の場合は幅員10m以上**とされています。

まちを歩いて身近な避難経路を点検！

安全な避難目標地点（避難場所や避難路）を確認したら、次は地図を片手にまちを歩いて身近な避難経路を点検してみましょう。地震火災はどこで発生するか分かりません。燃え広がり方も市街地状況や地震時の気象条件（風向・風速・気温など）に大きく左右されます。そのため、地震火災の場合はあらかじめ想定した危険区域から最短距離（時間）で一目散に遠ざかる考え方は成り立ちません。倒壊した建物や塀、火災などを迂回して安全な避難ルートを探しながら避難する状況も考えられます。**状況に応じて適切なルートを選択**できるよう、日頃から身近な避難経路の様子を頭に入れておくことが大切です。

点検のポイントは、**避難時に危険な箇所といざという時に通行可能な場所**を確認することです。避難時に危険な箇所としては、①倒壊の危険性がある建物や塀など、②落下の危険性がある看板等、③火災の恐れが高そうなエリア、④入口が塞がれると避難できなくなる行き止まり道路などが考えられます。また、いざという時に通行可能な場所としては、①通り抜け可能な公園、駐車場など、②民地の通路、③隣棟間の隙間、④民家の庭や軒先などが考えられます。

いよいよ逃げ地図づくりを開始！

以上の準備作業が終わったらいよいよ逃げ地図づくりの始まりです。地図の図郭は避難路となる広幅員道路や、鉄道、河川、大規模空地などの大きな施設で囲まれた範囲を設定することが基本となります。そして、指定緊急避難場所の入口や避難路などに避難目標地点を設定して逃げ地図づくりの開始です。

地震火災からの逃げ地図づくりは最短距離（時間）の確認を目的とするのではなく、**確実な避難方法**やそれを実現するための**対策課題を見つけ出す**ことが目的となります。なぜなら、地震火災の進行速度は人間の歩行速度に比べればはるかに遅いので、**一刻を争うような避難が必要なわけではない**からです。むしろ、どこで発生しどのように燃え広がるか分からない地震火災から安全に避難するためには、落ち着いて状況をよく見極め、多少遠回りになったとしても**安全なルートを選択する**必要があります。そのため、「どのような状況でも確実に避難するにはどのようなルート選択の考え方が必要か」「どのような事前対策が必要か」などを話し合い、確認する機会として逃げ地図づくりを行うことが効果的です。

以下に、その考え方で地震火災からの逃げ地図づくりに取り組んだ2つの事例を紹介します。

安全な避難方法を考えるワークショッププログラム（堀切地区の例）

東京都葛飾区の堀切地区はいわゆる木造密集市街地で、大火災時の**指定緊急避難場所**である荒川河川敷と、**避難路**となる広幅員道路に挟まれており、地区内には**防災活動拠点**となる小中学校が点在しています。また、防災まちづくり事業により地区内の避難経路となる**地区防災道路**の整備が予定されています。その条件を反映して3回のワークショップにより次の**4種類の逃げ地図を作成**し、それらを比較することで地震火災からの**安全な避難方法の検討**とそれを実現するための**対策課題の確認**をしました。

①　指定緊急避難場所への直接避難を想定した逃げ地図（避難目標地点：指定緊急避難場所）
②　避難路への一次避難を想定した逃げ地図（避難目標地点：広幅員道路）
③　地区防災道路を経由する避難を想定した逃げ地図（避難目標地点：地区防災道路）
④　防災活動拠点への一時避難を想定した逃げ地図（避難目標地点：防災活動拠点）

第一回ワークショップでは、地区内でも特に木造の建物が大規模に密集している範囲を延焼区域に想定し、①指定緊急避難場所への直接避難を想定した逃げ地図と比較して問題点を検討しました。その結果、想定した延焼区域は河川沿い一帯に広がっており、指定緊急避難場所への直接避難は延焼区域に向かって避難することになるため危険であることが分かりました。そして、「やはり、遠回りになっても安全な避難路を使った避難が有効ではないか」との意見や「整備予定の地区防災道路の火災に対する安全性を高める（沿道の建物の不燃化を進める）必要がある」との意見が出されました。

第二回ワークショップでは、前回の意見を踏まえて、②避難路への一次避難を想定した逃げ地図と、③地区防災道路を経由する避難を想定した逃げ地図を作成し、さらに、各町会では身近な小学校などの防災活動拠点に集合してから集団避難する計画であることを踏まえて、④防災活動拠点への一時避難を想定した逃げ地図を作成しました。そして、その3種類の逃げ地図と前回作成した、①指定緊急避難場所への直接避難を想定した逃げ地図を比較して、それぞれの避難方法の効果を確認しまし

堀切地区で作成した4種類の逃げ地図

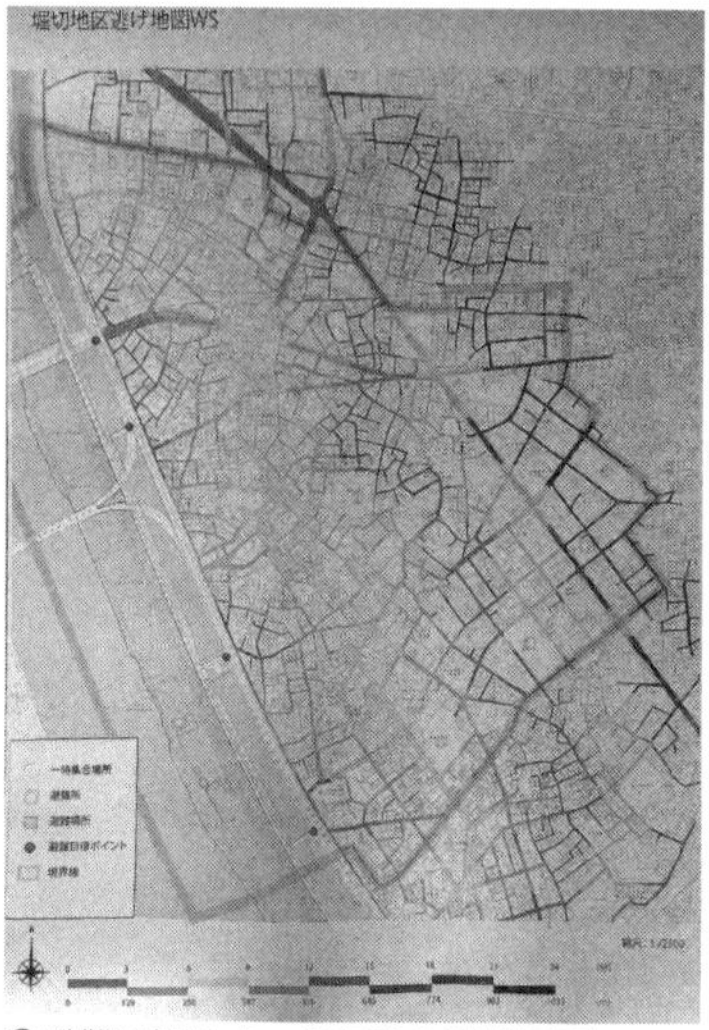

①避難目標地点：指定緊急避難場所

避難経路上に延焼の危険性が高い市街地（右図のグレーのエリア）が広がっており危険。

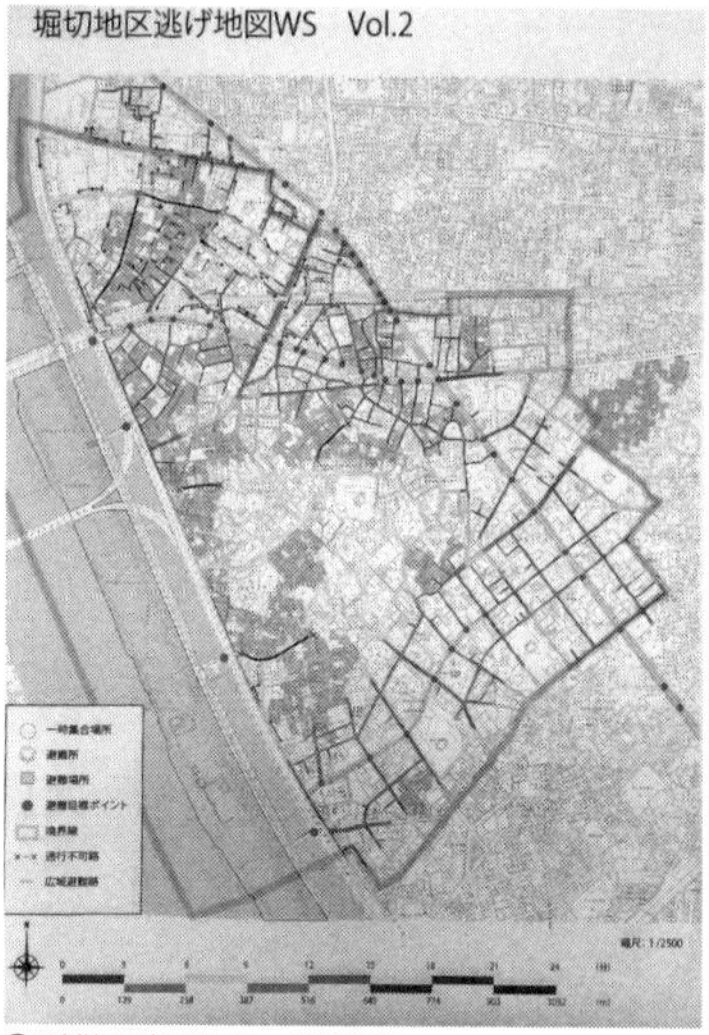

②避難目標地点：避難路

全体的に避難時間が短縮されるが、地区中央部は①と同等の時間がかかる。

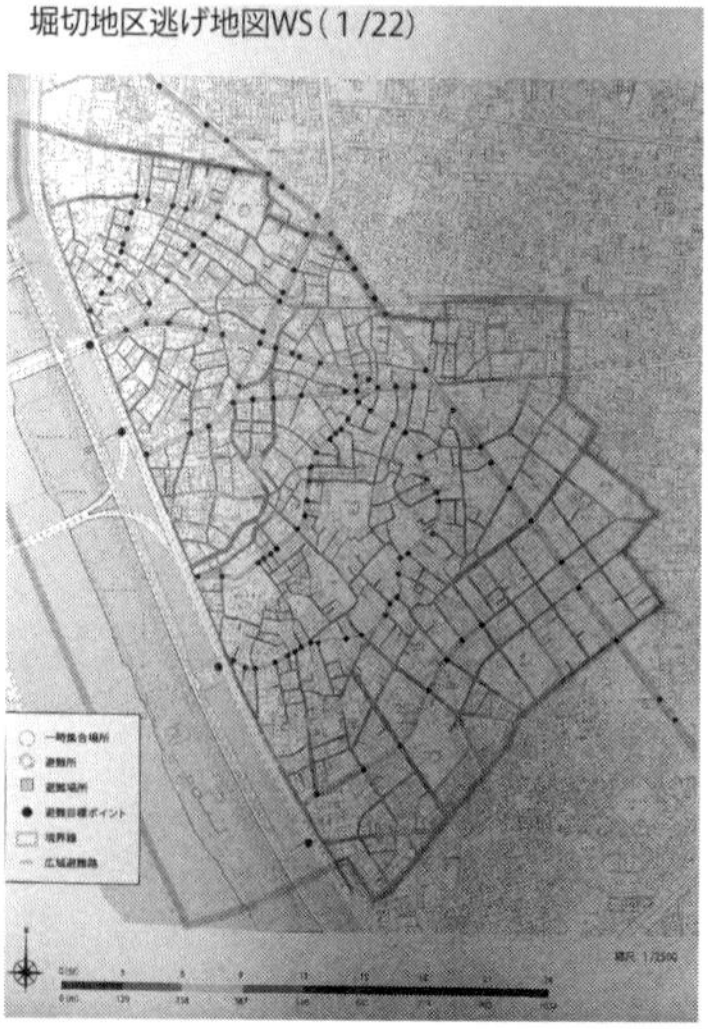

③避難目標地点：地区防災道路

身近な避難目標ポイントが増え、地区内の大部分のエリアで円滑な避難が期待できる。

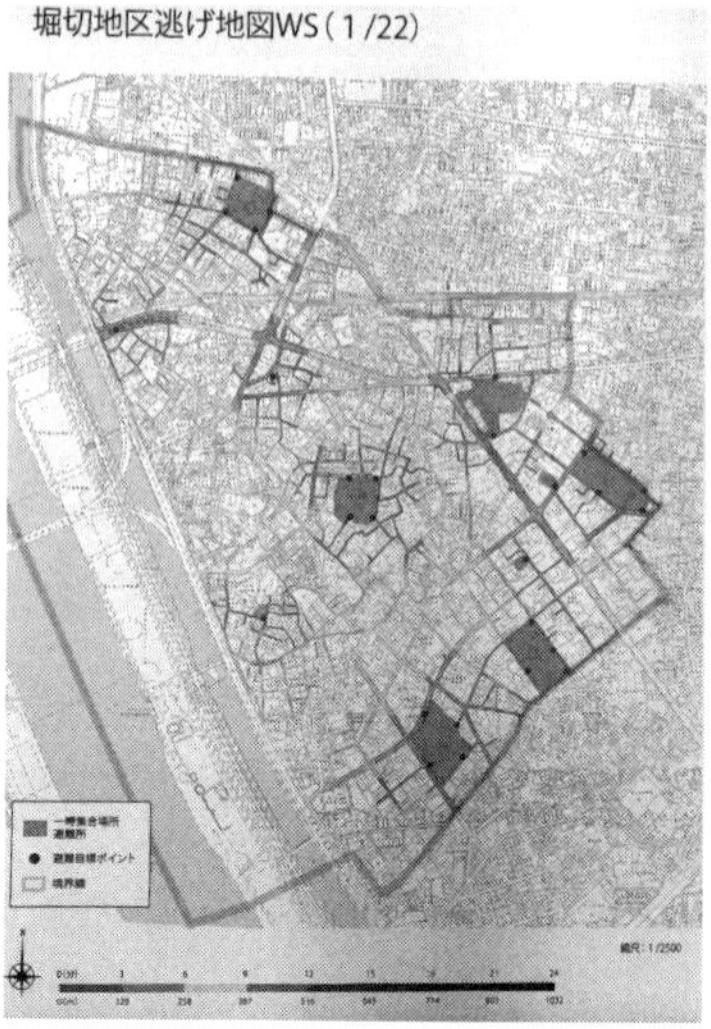

④避難目標地点：防災活動拠点

防災活動拠点周辺の避難時間は短縮されるが、二次避難に難がある。

た。その結果、避難路への一次避難を想定した場合は全体的に避難時間が短縮されるものの地区中央部では指定緊急避難場所への直接避難と同等の時間がかかること、その中央部に位置する防災活動拠点（小学校）への一時避難を想定すると中央部の避難時間は短縮されるが二次避難のルート選択に難があること、一方、地区防災道路を経由する避難を想定した場合はその両方の問題が解決し、地区内の大部分のエリアで円滑な避難が期待できるようになることが確認されました。参加者からは「**やはり状況に応じたルート選択が重要**」との意見や「地区防災道路が完成することで身近に分かりやすい避難目標が増える」と、改めて**地区防災道路整備の必要性と有効性を確認**する意見が出されました。

第三回ワークショップでは、改めて4種類の逃げ地図を比較しながら地震火災からの避難の考え方や避難経路の問題点、より円滑な避難を可能にするための対策案について意見交換を行いました。その検討成果は最終的に一枚の地図に整理され、その後のまちづくり活動に取り組む上での基礎資料の一つとして活用されることになりました。

通行支障を想定したワークショッププログラム（堀江・猫実《ねこざね》元町中央地区の例）

千葉県唯一の「地震時等に著しく危険な密集市街地」である浦安市の堀江・猫実元町中央地区では、1回のワークショップで**対策前と対策後の逃げ地図**を同時並行で作成し、**身近な避難経路の安全確保を考える**逃げ地図づくりを行いました。対策前の逃げ地図とは、事前に実施したまち歩きの成果を基に建物の倒壊や火災が発生しやすそうな街区を選び、その街区の周囲の道路を通行不能と想定したうえで、地区外周の避難路を避難目標地点に設定した逃げ地図です。公共の道路・通路以外の空地はがれき等により通行不能とし、地区内の小学校も周囲に火災が迫ってきたら危険と判断して避難目標地点に含めませんでした。対策後の逃げ地図は、個々の建物の耐震化と不燃化が進み、道路が閉塞しにくくなった場合を想定した逃げ地図で、公共の道路・通路以外でも現状で通行できる空地は全て通行可能とし、大規模な火災にならなければ小学校へも避難可能と判断して、地区内の小学校も避難目標地点に加えました。参加者は2チームに分かれてそれぞれの逃げ地図を作成しながら避難上の問題点等を確認し、**円滑な避難を阻害する要因**や安全な避難のための対策課題を話し合いました。

このワークショップの結果、現状では通行不能な区間を迂回するために**特定の道路に避難者が集中する可能性**があることが分かりました。しかし、その道路はとても狭く、沿道にブロック塀も多いため、安全な避難に配慮した道路整備とブロック塀対策、沿道建物の不燃化等の対策が特に必要とされました。また、**行き止まり道路の入口が通行不能になると避難できなくなる**家もあり、隣の敷地等を通って避難するような対策が必要とされました。

地震火災からの逃げ地図づくりの効果

事例地区のワークショップ参加者は、最初は地図に色塗りしなければならないことに戸惑いながらも、いざ作業を進めてみると地震火災や避難に関する様々な心配事や具体的な問題点について自発的に発言するようになりました。逃げ地図をつくる作業は、**図上でつぶさにまちを点検する**作業でもあ

堀江・猫実元町中央地区における逃げ地図づくりの設定条件

【対策前の逃げ地図】

○ 建物倒壊や火災等により、通行できない箇所が発生した場合を想定

- 通行不能箇所を迂回
- 既存道路・通路のみを利用
- 浦安小学校への避難は不可

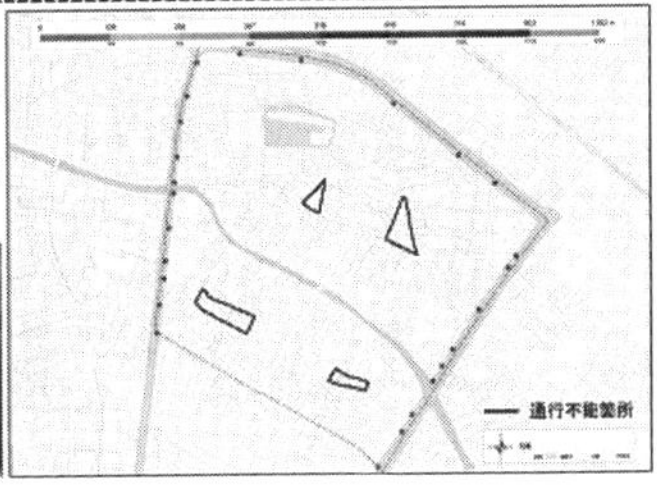

【対策後の逃げ地図】

○ 対策により、建物倒壊や火災による道路閉塞が発生しなくなった場合を想定

- 通行可能箇所は全て利用（空地も可）
- 浦安小学校にも避難

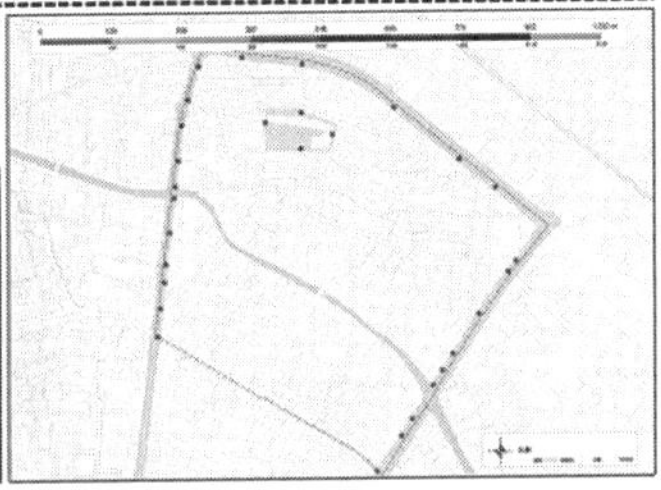

ります。その作業を通じて現場の状況を詳細に想起させ、**問題をリアルにイメージさせる効果**があるようです。また、自ら手を動かし、考え、発言し、自発的に問題を共有することができるため、個々の住民による**自発的な取り組みの誘発効果**も期待できます。逃げ地図づくりをきっかけに安全な避難のために必要な対策を共有し、実際の取り組みに活かすことが期待されます。

COLUMN

防災教育ファシリテーター養成講座で担い手育成

石田　真実（NPO法人かながわ311ネットワーク理事）

「防災、やらなきゃいけないのは分かるけど、何をしたらいいのか分からない。」と思ったことはないですか？私たちの元に寄せられる相談の多くが、「何をしたらいいか分からない」「教材が多くて選べない」「やってみたいけど指導者がいない」という内容です。

　私たちは学校での防災教育を推進するために、学校で取り入れやすい教材を選び絞り込みました。その条件は①班で協力して作業する、②班で意見をまとめる、③意見を発表する、ものであることです。さらに、地域を知る（事前）→避難行動を考える（発災時）→避難生活を考える（発災後）の流れを作ることで、発達段階に応じた防災教育を展開することができると考えました。逃げ地図は、避難にかかる時間が見える地図なので、避難行動を考える教材として最適だと考え、取り入れることにしました。逃げ地図づくりで参加者が行う作業は、色塗りと矢印を描くだけのシンプルな作業なので、黙々と作業に没頭しがちですが、実は作業をしながら出てくるつぶやきや会話がとても大切です。

　「防災教育ファシリテーター養成講座」初級編で逃げ地図づくりの体験、上級編で指導者の養成として、鎌倉材木座地区のまち歩きと同地区の逃げ地図づくりをしています。まち歩きをすることで、地図上では分からない気づきがたくさんあります。また、小中学校での実施や受講生が地元で実施するなどの展開をしています。地図の用意には少し手間がかかりますが、準備段階からアドバイスしながら実施まで伴走しています。逃げ地図づくりの推しポイントは、小学校高学年以上なら子どもも大人も一緒に取り組める、条件を変えると結果の変化が色で示され分かりやすいところです。津波が想定される地域の方には必須の教材ですので、ぜひ一度体験してください。

第5章

逃げ地図のその先

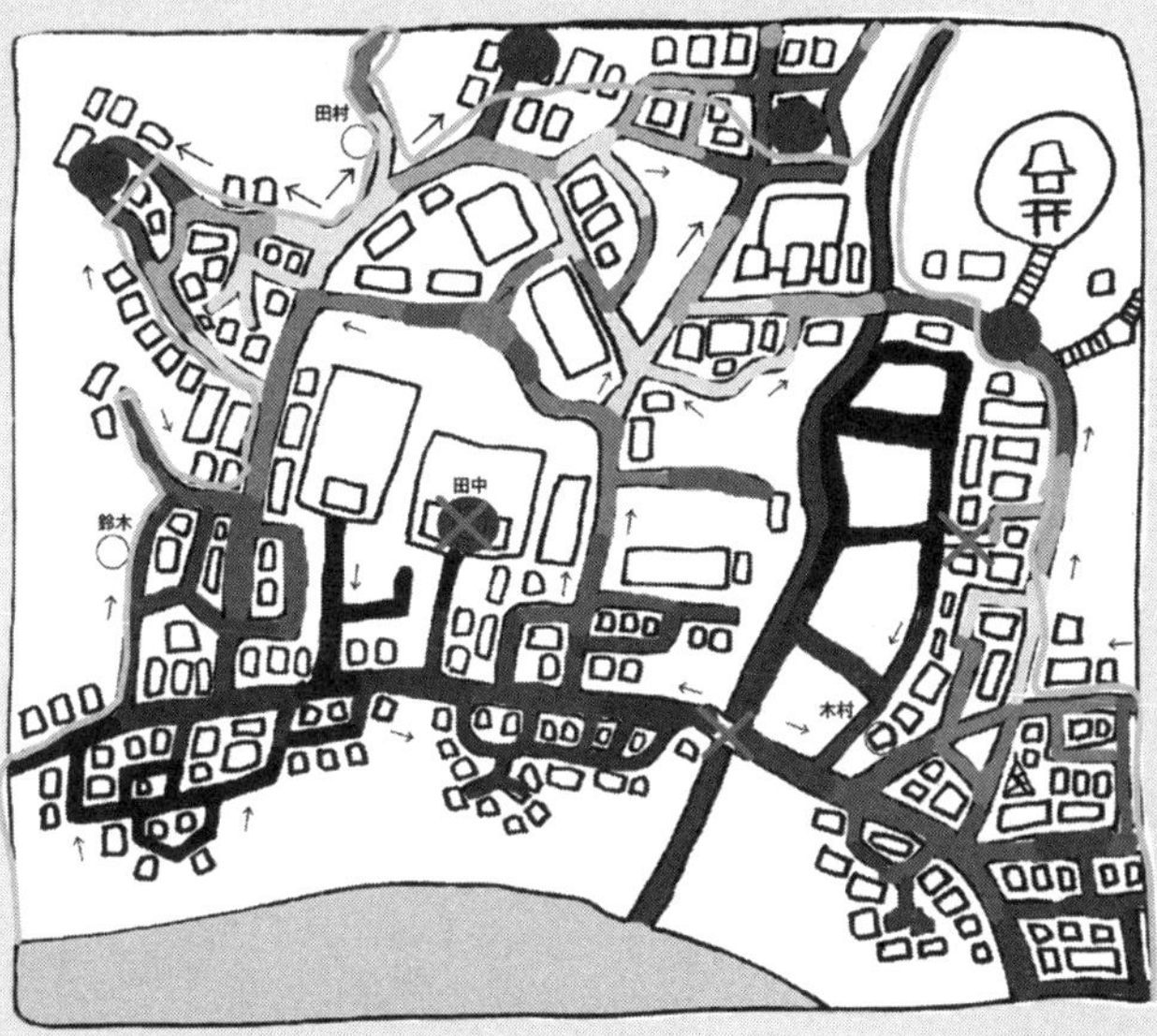

1 逃げ地図を使って防災の担い手を広げるイベント

森脇 環帆

防災活動を楽しく

防災訓練というと、堅苦しいイメージがあり、参加者がいつも同じであったり、子どもの参加者が少ないことが問題になっていると聞きます。逃げ地図づくりワークショップは、災害リスクの認識やリスク・コミュニケーションの促進が期待されますが、やはり参加者が限定的で、作成した逃げ地図の周知にも一定の限界があります。「逃げ地図をつくってみて地域の安全に役立つと分かったけど、地図が読めない子ども達への対策はどうしよう？」「逃げ地図は図上訓練なので、実際に現地を歩いてみたい。」などの声を受けて、逃げ地図にゲーム性を導入した、現地点検イベント「逃げロゲ！」（焼津青年会議所主催）などが試みられ、防災活動の担い手を徐々に広げています。ここでは、逃げ地図にアートによる楽しさを加味した防災アートプログラム「キツネを探せ！」を紹介します（写真1）。

写真1　広田小学校の災害仮設住宅内を逃げるキツネ

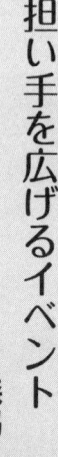

防災アート「キツネを探せ！」の誕生

「キツネを探せ！」は、東日本大震災で津波被害を受けた岩手県陸前高田市広田町で誕生しました。広田町は、被災直後から、住民を集めて逃げ地図づくりワークショップを開催し、その成果を復興計画の検討に活用するとともに、地区内各所に逃げ地図を展示して周知を図ってきましたが、逃げ地図を知る人は限られていました。また、「キツネを探せ！」を実施した2015年ごろは、震災復旧工事中で平日には大型車両が頻繁に通行し、被災した地域に行くことが制限され、地元の子ども達が逃げ地図に示された避難経路を歩いた経験に乏しく、保護者からは日常的な安全に関して不安の声が挙がっていました。地域の歴史や文化が子ども達に伝承されていないという意見も聞かれました。そこで、「まちで遊び、地域を知ることが防災につながる」というコンセプトを設定し、地域協力者との対話を通して、**まちで遊ぶ、地域を知る、感覚的変動を得る**、の3つをアートの表現手法とし、逃げ地図に記載された避難経路の点検をしながら、まちを遊びながら歩いてまわる防災アートプログラム「キツネを探せ！」を開発しました。

タブレットに配信されるキツネの目線画像からキツネを探せ

「キツネを探せ！」の内容は、キツネ面の眼球の内側にカメラを装着し（写真2）、その目線の映像とメッセージを参加者のタブレット

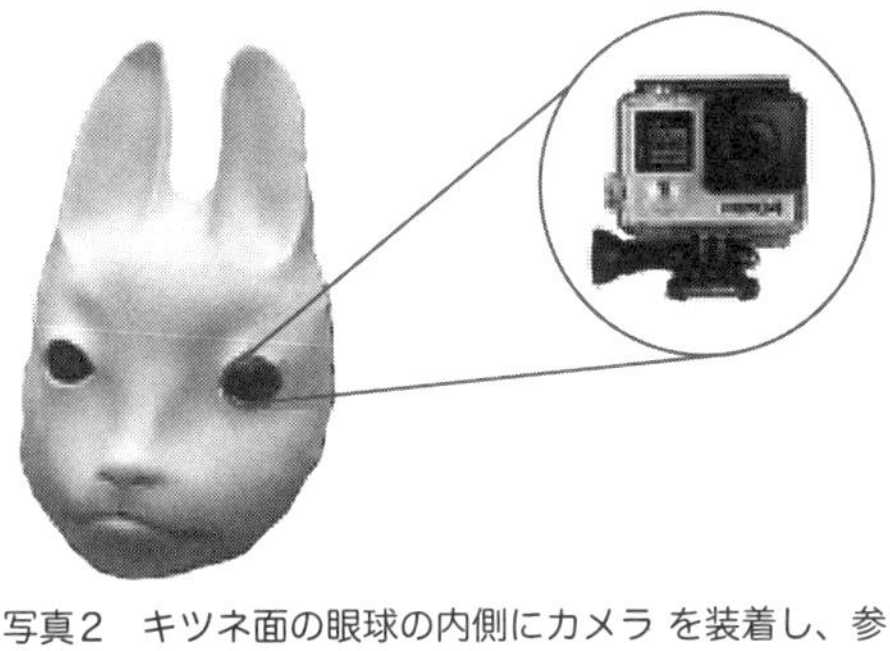

写真2　キツネ面の眼球の内側にカメラ を装着し、参加者のタブレットに目線画像を送信する。

に配信します。参加者はそれを手掛かりに、キツネ（キツネ面をつけた）を探しながらゴール地点へ向かう仕掛けです。第一回目は、2015年8月に、「子どもの避難経路体験の促進」「地域の歴史文化の伝承」と、アートによる楽しさや親しみやすさを生かし「災害に対する恐怖心の軽減」をテーマとし、まちあるき＋避難訓練プログラムと、安全マップ作成プログラムの二つを行いました。

災害時利用された井戸の位置を学ぶ・遊ぶ

「こっち！こっち！」「キツネいた！可愛い！」、平行配置の災害仮設住宅内に逃げ込んだキツネを追いかけるクライマックスの場面で大きな歓声が上がりました。まちあるき＋避難訓練プログラムは、地元の小中高生と大学生約60人が参加しました。

海岸付近（被災した地域）→津波遡上ライン→緊急避難場所→指定避難所（広田小学校）の順に津波避難経路を辿るルートを設定し、キツネの目線画像からキツネを追いました。途中、災害時に使用した井戸の所有者から被災時の体験を聞き、井戸水を使った水運びゲームを行いました。これはオリジナルの「様々な型の器を使う子供達」VS

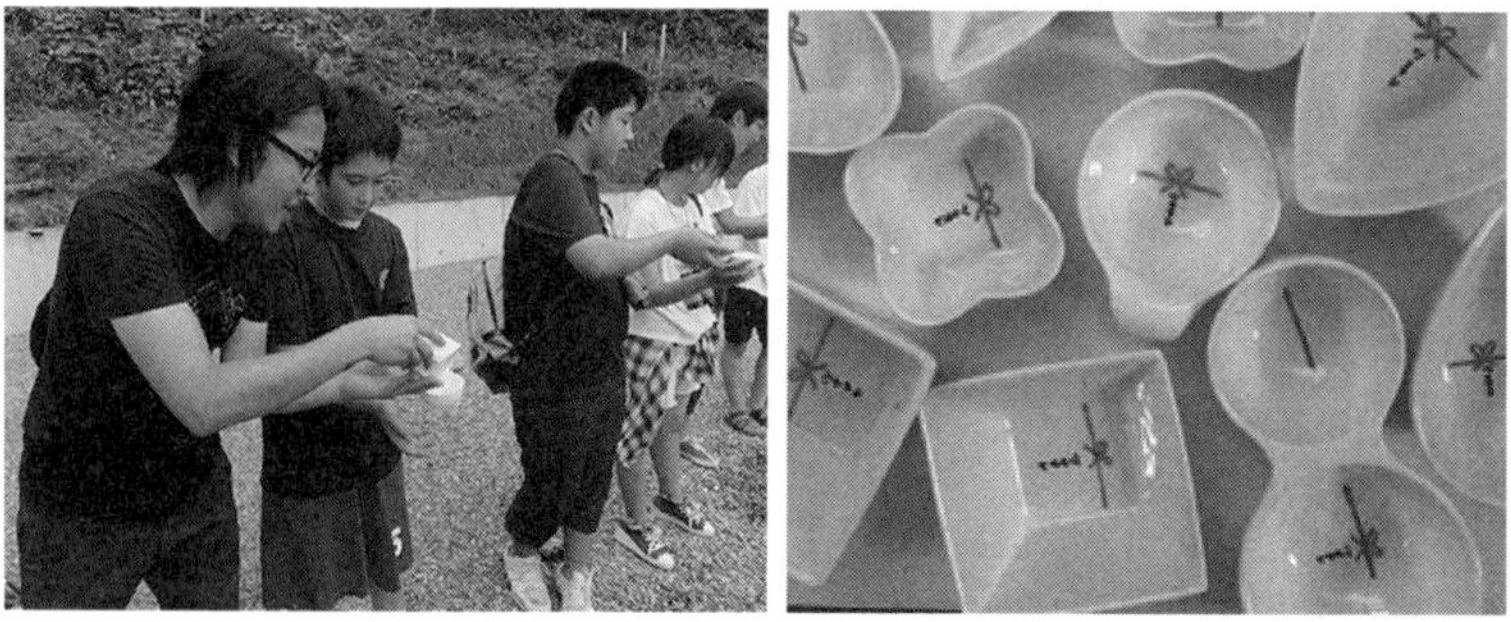

写真3　水を運ぶ競争の様子と、様々な形の器

「手を器にした大人」による、バケツリレー形式で水を運ぶ競争で、特に子ども達の人気を集めました（写真3）。また、地域に残る独特な屋号の呼び名（例えば、牛石《べこいし》）をデザインしためんこを町中で拾い集め、地域独自のルールのめんこ遊びをして、学びと楽しさの機会を演出しました。ゴール地点ではキツネが参加者の鼻をつまみ、キツネにツママレる体験により参加者の感覚的変動を促しました。

一方、安全マップ作成プログラムは、まちあるき＋避難訓練プログラムと並行して同じ時間帯に、逃げ地図上に交通安全や防犯上の問題箇所を記した包括的な安全マップ作成を試行しました。このプログラムでは、参加者の楽しみや満足感を得るため、点検の機能だけなく、アート作品として展示可能な地図にしました。

津波が予想される地域で広がる「キツネを探せ！」

津波の被災地で誕生した「キツネを探せ！」は、その後、まちで遊びながら東日本大震災の教訓を伝える防災アートとして、南海トラフ巨大地震の被害が懸念される静岡県下田市を中心に、学校教育の現場や、地域の祭り「遊ぼう祭」へ広がりを見せています。「遊ぼう祭」とは、逃げ地図づくりワークショップを行った下田市内での展開として「キツネを探せ！」の企画を進めるうち、参加団体が増えていきました。そこで、「キツネを探せ！」単独ではなく、様々な防災コンテンツを集めた新しい防災の祭として位置づけ、防災と観光をアートやデザインで結び、まちの安全と地域振興に寄与することを目的とした、新感覚の祭りです。２０１６年10月に実施し、延べ約３００人が参加しました。この取り組みは、ＮＨＫ全国放送の「あさイチ」でも特集が組まれ、下田市の観光や文化をＰＲすることに繋がりました。

視覚的・感覚的に災害をイメージする、未災地でのプログラム

未災地では被災地の「キツネを探せ！」と同様に「子どもが避難経路を歩いた経験に乏しい」「子どもに地域の歴史文化が伝承されていない」という問題に加えて、「災害リスク特性の認識に欠ける」点があげられます（図表1）。災害の予想される地域においては、津波などの災害のイメージが乏しく、被害を軽く見積ったり、避難を諦めてしまいがちです。自分の住む地域の災害を**正しく知り正しく恐れる**ことで、次のステップの、正しい備えに結びつきます。そこで、アー

図表1 視覚的・感覚的に災害のイメージを促すプログラム例

被災地でのテーマ
- 子どもが避難経路を学ぶ
- 子どもが地域の歴史文化を知る
- **災害に対する恐怖心を軽減**

→

未災地でのテーマ
- 子どもが避難経路を学ぶ
- 子どもが地域の歴史文化を知る
- **視角と感覚で災害をイメージ**

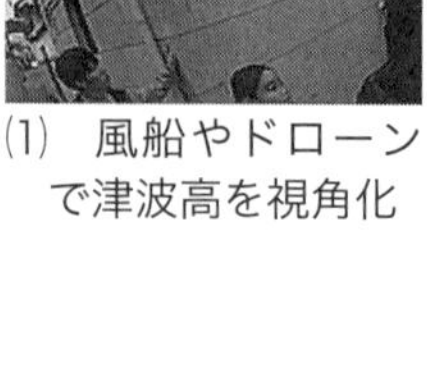
(1)　風船やドローンで津波高を視角化

(2)　避難困難者対応を視角化

(3)　避難時間の体験

トの特性を生かして視覚的・感覚的に災害のイメージを促すプログラムを組み込みました。例えば①幕末に襲来した津波の痕跡が残っていた歴史的建造物のなまこ壁の前で風船やドローンを上げ、津波高を視覚化。②ＰＴＡ協力者が足の悪いおばあさんに扮して、津波避難途中で避難困難者に遭遇した場合の対応を視覚化。③津波到達予想時刻までに避難場所まで避難する時間の体験（抜き打ち避難訓練）などです。

津波避難中に足の悪いおばあさんに遭遇したら？

先にも述べられていますが、逃げ地図は、後期高齢者が3分間で歩く距離を色分けする点が特徴的です。ですから、小学校で逃げ地図づくりワークショップを行うと、子ども達は自分ならもっと早く逃げられる、と声を上げます。これは避難において自己と他者を認識することであり、自助と共助に関する気づきの第一歩といえます。下田市内でも逃げ地図づくりが定着している、下田市立朝日小学校での「キツネを探せ！」は、その逃げ地図の特徴を題材にし、避難困難者を視覚化することで、自助と共助について考える機会を提供しました。

「キツネを探せ！」に参加する朝日小学校の5、6年生46人は、登校班別に4班に分かれ、宝箱が置かれている高台（避難場所）に向けてそれぞれ出発しました（写真4）。目的地の高台に到着すると、隠された宝箱の鍵を開け、その中にある手紙の指示で次の目的地の緊急避難場所に向かいます（朝日小学校では、タブレットや小型カメラを使用せず、宝箱の中の指示を頼りにキツネを探すプログラムとしています）。その途中で地震が発生したと仮定し、同行した大学生スタッフが津波君に変身し、『ただいま地震が発生しました。15分で津波が襲来します。速やかに高台に避難して下さい』という看板を提示し、緊急避難場所に逃げるよう伝え、ストップウォッチを始動させ、時間的感覚を体験するプログラムをスタートさせます。ちなみに、津波君は青いアフロヘアで、水鉄砲で水をかけながら追いかけてきます。急ぎ足で逃げている途中で『私は足の悪い老人です。わたしに構わず、安全な場所に避難して下さい。』と示すＰＴＡ協力者が扮した避難困難者と遭遇します。どの班の子どもも戸惑い、「手足を持って持ち上げてみる?」「制限時間がきてしまうから置いて逃げようよ?」「教頭先生が学校に担架があると言っていたから借りてこよう。」など、話し合いに時間をとられ、それでも様々な運搬手段を考え、実行して緊急避難場所に向かいました。しかし、4班中3班がタイムオーバーしてしまいます。ゴー

①10:30 説明後、4班に別れて出発。高台に隠されている宝箱を探す。
地域を知る
②11:15 宝箱の中の手紙に示された緊急避難場所に向かう。
③11:35 津波君登場、水鉄砲を持って追いかけてくる。逃げろ！
まちで遊ぶ
④全力で緊急避難場所へ向かう。
⑤11:40 避難困難者と遭遇。「どうしよう？」「担架に乗せる？」
感覚的変動をえる
⑥様々方法で避難困難者を運ぶ
４班中３班が規定時間オーバー
⑦11:50 緊急避難場所でキツネを発見し鼻をツママレる。
⑧12:00 校庭でドローンを飛行させ津波予想高を視覚化。
地域を知る
⑨自助共助に関する講話が行われた。

写真4　朝日小学校での「キツネを探せ！」の流れ

ルした子ども達は、高台に隠れていたキツネに鼻をツママレた後、予想される津波浸水高の６メートルの高さに飛行させたドローンを見学しました。プログラムの最後は、陸前高田市広田町で被災したゲストが講話を行い、自助と共助をめぐる葛藤について考える機会を提供しました。

防災活動のすそ野を広げるだけではない！アートによる楽しみを加えた効果

「キツネを探せ！」の参加者にプログラム実施の事前と事後にアンケートと関係者インタビューを実施したところ、逃げ地図にアートを加味することで、その楽しさから参加の意欲や災害時の心構えに寄与すると共に、地域への関心を高める効果が明らかになりました。さらに、避難困難者の対応に関するプログラムからは、自助と共助を考えるリスク・コミュニケーションの好機を生み出すことが分かりました。朝日小学校で実施したアンケートで、「津波の心配があるときは、まず自分が安全な場所に逃げることが大切だ」との設問に、プログラム後に「そう思う」の回答が減りました。これは避難困難者対応に関する要素をプログラムに加えた影響です。プログラム後に「ややそう思う・どちらともいえない」と変化した４名の自由記述を追うと、「おばあさんおじいさん、困っている人がいたら見捨てないで一緒に連れて行ったほうがいいと思う」「できるだけ人を助けたい」と書かれていました。「どちらともいえない」と回答した１名は「もし本当に地震が起きた時に今回みたいに足の悪い人がいたら、自分を優先するべきなのか人を優先するべきなのか迷う」と答えています。

一方、ＰＴＡ協力者から「子ども達が避難困難者を工夫して避難させたことに対して、道徳的には素晴らしいと感動した。けれど、親としては子ども自身の命を最優先にして欲しい。」という率直な意見が寄せられました。大学生スタッフは「老人を運ぶのは大人でないと無理だ。」とし、朝日小学校校長は、「考え、議論する場面は道徳教育に通じる印象的な行動だ。」と述べています。陸前高田市からのゲストは、「子ども達の（老人を助けたい）気持ちに感動した。子どもの想いを大人が叶えるべき。」と意見しています（図表2）。

これらのことから、防災教育上は自身の命を守ることを前提にしながらも、避難困難者に遭遇するシミュレーションを通して子ども達やPTA協力者らに自助と共助をめぐる葛藤が生じたことが明らかで、子どもの行動に正解はない難問であるという気づきを提供したといえます。つまり、逃げ地図にアートによる楽しみを加え、避難困難者対応を視覚化したことにより、子どもに避難困難者の対応に関する葛藤を起こさせない状況を用意するのが、地域住民の役割であることが示唆され、他者へ向けた防災意識が、リスク・コミュニケーションの促進と、自助と共助の意識を生むことが明確になったと

図表2 関係者インタビュー

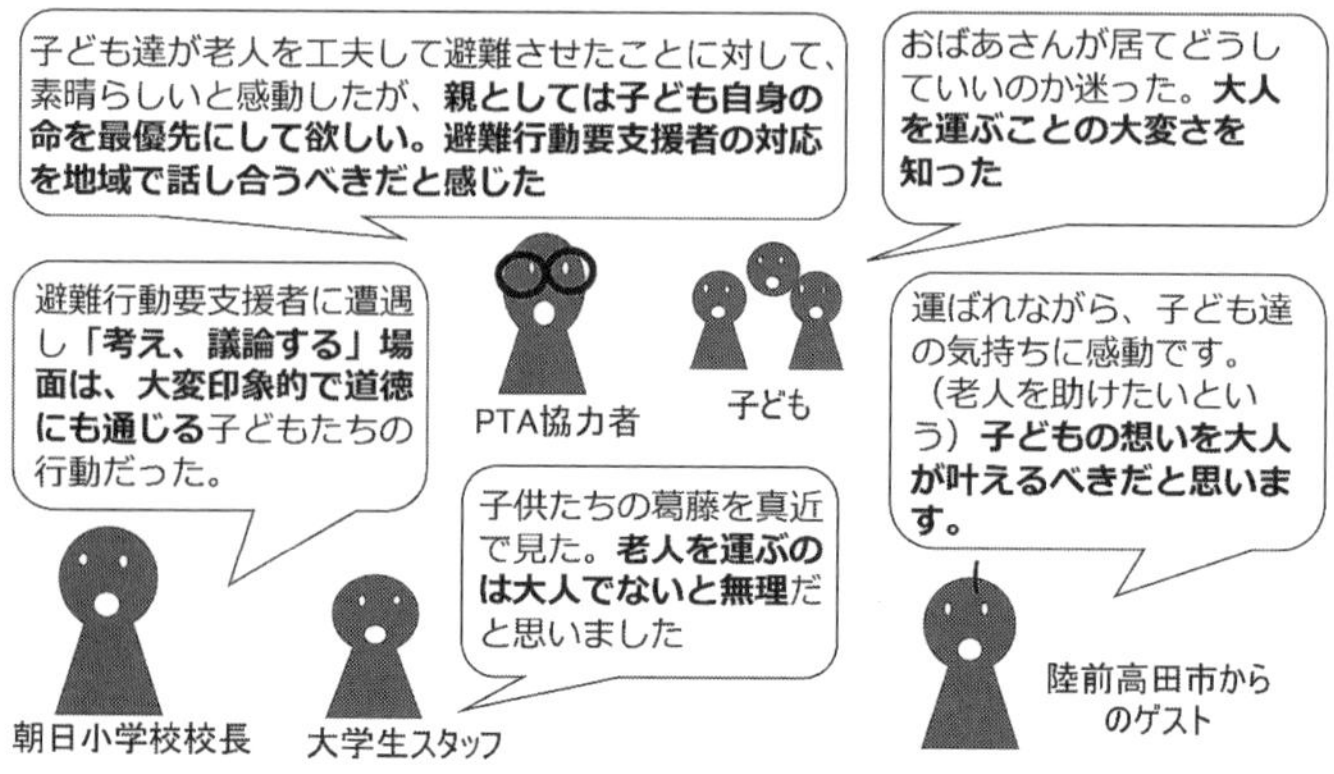
子ども達が老人を工夫して避難させたことに対して、素晴らしいと感動したが、**親としては子ども自身の命を最優先にして欲しい。避難行動要支援者の対応を地域で話し合うべきだと感じた**
おばあさんが居てどうしていいのか迷った。**大人を運ぶことの大変さを知った**
PTA協力者
子ども
避難行動要支援者に遭遇し**「考え、議論する」場面は、大変印象的で道徳にも通じる**子どもたちの行動だった。
運ばれながら、子ども達の気持ちに感動です。（老人を助けたいという）**子どもの想いを大人が叶えるべきだと思います。**
子供たちの葛藤を真近で見た。**老人を運ぶのは大人でないと無理**だと思いました
朝日小学校校長
大学生スタッフ
陸前高田市からのゲスト

いえるでしょう。

なぜキツネ？　アートって？

私はアーティストとして、２００１年からキツネをモチーフにした「ツママレ」というアートプロジェクトを国内外で発表してきました。これは、美術館で展示される絵画というアートではなく、アーティストと地域住民が協働し、地域の課題を解決するプロセス自体をアートとする、**コミュニティアート**と呼ばれるものです。「ツママレ」は、参加者が非日常を体感するシチュエーションをつくりだすことで、逆に日常を再確認する感覚的変動を目的としており、それを諺の「キツネにツママレたような感覚」に例え、具象をキツネにしています。「ツママレ」に逃げ地図を融合したものが、防災アート「キツネを探せ！」です。つまり、「キツネを探せ！」は、見慣れたまちを歩きますが、逃げ地図に示された情報や地域の方との対話を元に、それを少し不思議な体験に演出することで、日常の大切さに気づく心の動きをアートと定義しているのです。

写真５　「キツネを探せ！」高台での集合写真

COLUMN

小学生への期待

進士　弘幸（静岡県下田市立朝日小学校評議員）

逃げ地図づくりに参加する子どもと大人の差。小学生が『逃げ地図』と聞くと、「何だろう？面白そう」と思うのに対して、大人は変な造語くらいにしか思いません。小学生は大きな地図に色を塗っていくことが楽しい。カラフルできれいと思うのに対し、大人は面倒くさい。私は見ているから誰かやって。そんなふうにまず食いつきからして違います。そして最初に小学生が覚えてくれるのは、足の悪いおばあさんが歩くスピードは3分間で約129ｍしか進まないということ。避難をするって大変だ。手を貸してあげなければと心のどこかで思う様子。なんとも純粋で可愛らしいものです。

下田市立朝日小学校は、学区内に四つの海水浴場をもつ伊豆の観光地の一画にあり、校庭の海抜は約3ｍ程度の完全に浸水想定区域内に建つ小学校です。1学年1クラスの小さな小学校では、全校児童による裏山への津波避難訓練が常に行われており、防災意識の高い学校です。

そんな海辺の小学校で、総合学習の一環として毎年5年生が『逃げ地図づくり』に取り組んでいます。地図そのものが理解できるのか当初不安がありましたが、やってみると意外とみんな理解できているようで何の心配もありません。自分達が普段登校している道や学区全般の広範囲にわたる道の色塗りを、集中して一気に完成させます。そして気が付いたことについてその場で話し合いまとめて、それぞれの班ごとに発表しますが、毎回新しいことに気付かされ感心させられます。

さらに自分達がつくった逃げ地図をもとに、後日フィールドワークに出かけます。自治会が設定したいくつかの避難場所へ歩いて行き、その周辺やそこまでの道のりについて調べます。写真係や時計係などを分担し、楽しそうに調査隊を編成しています。私は地元住民の一人としてこの部分までお手伝いをしています。多少の助言はしますが、後は担任の先生にお任せします。

そして年度末の学校行事である校内発表会で、5年生は防災について学習してきたことを発表します。家族の方々や地域の方々も見に来ます。大人や下級生・先輩の6年生達を前に、毎年素晴らしい発表を展開してくれます。ここがこの学校の素晴らしいところ。子どもから大人への情報発信の場がそこにあります。過去の自然災害について・危機意識・安全対策・その他の豆知識など、一生懸命伝えてくれます。子どもに言われると大人はつくづく身にしみて実感するものです。普段の生活においての注意喚起を促されます。小学生による『逃げ地図づくり』がそんな環境形成の基となっているのです。

地元の子ども達が毎年逃げ地図を経験することにより、彼ら本人の為になると同時に、この子達が育っていきいずれ背負っていくこの地域の為に、将来必ず役に立ってくれるものと信じています。

今後も継続され、いつの日かこの海辺の地区が安心安全な町となることを、期待してやみません。

追記：地図を理解する補助として、逃げ地図づくりの際に地図と同じ縮尺でつくった地形模型を見せます。高さ関係については平面の地図だけではなかなか説明できないものです。みんな目を輝かせて眺めてくれます。

2 デジタルを活用した逃げ地図づくりの支援

大崎 元

逃げ地図の先にある可能性

逃げ地図の特色は、とても分かりやすい簡単な手順にあります。そのことはデジタルベースでの展開が容易であり、かつ親和性が高いとも言えます。多くの人に共有される情報を内に含んだ「地図」をベースにしていること、規則性のある手順でつくられていくこと、そして、初期設定を変えることで様々な結果が導き出されることなどの特色を生かして、次に示すようなデジタルを活用した支援手法が試みられています。もちろん、初期設定はみんなで話し合い、考え合いながら、その場その場に適合した設定をしていきますが、逃げ地図づくりを支援したり、逃げ地図作成後の検証や展開にデジタルベースでの取り組みは新たな地平を切り開いてくれます。ここではその一端を紹介します。

デジタルアプリへの展開

ナビゲーションアプリに応用しようという取り組みにも着手しています。スマートフォン上に提供される災害情報に連携させて、有効な避難場所とそこへの避難地形時間を一目で表すこと（マッピングさせること）が可能です。もちろん、設定条件を拡張することで徒歩だけでなく自動車などの車両を想定しての避難にも寄与するシステムに展開できることから、自動車メーカーなどとの協働もあり得るでしょう。

逃げ地図の画期的な点は、災害対策案の費用対効果を検証できることです。日建設計ボランティア部では建築用の避難シミュレーションソフトを応用し、ワークショップでつくった案が有効かどうか確かめる方法をA&Aという企業の協力のもと開発しています。一方では、子どもやお年寄りなど沢山の人の意見を集められるように、手描きで入力できる装置も開発しています（図1）。

さらに、「**逃げ地図2・0**」では、逃げ地図をプログラム化し、Web上で公開することにより、より多くの関係者が防災まちづくりに関われるツールを開発しています（図2）。クリックすれば道路が追加され、色が変わるのが分かります。想定された対策ごとにその費用と短縮した避難時間、安全になったポイント数

図1　手で書き入れれば地図上にデジタルデータとして入力

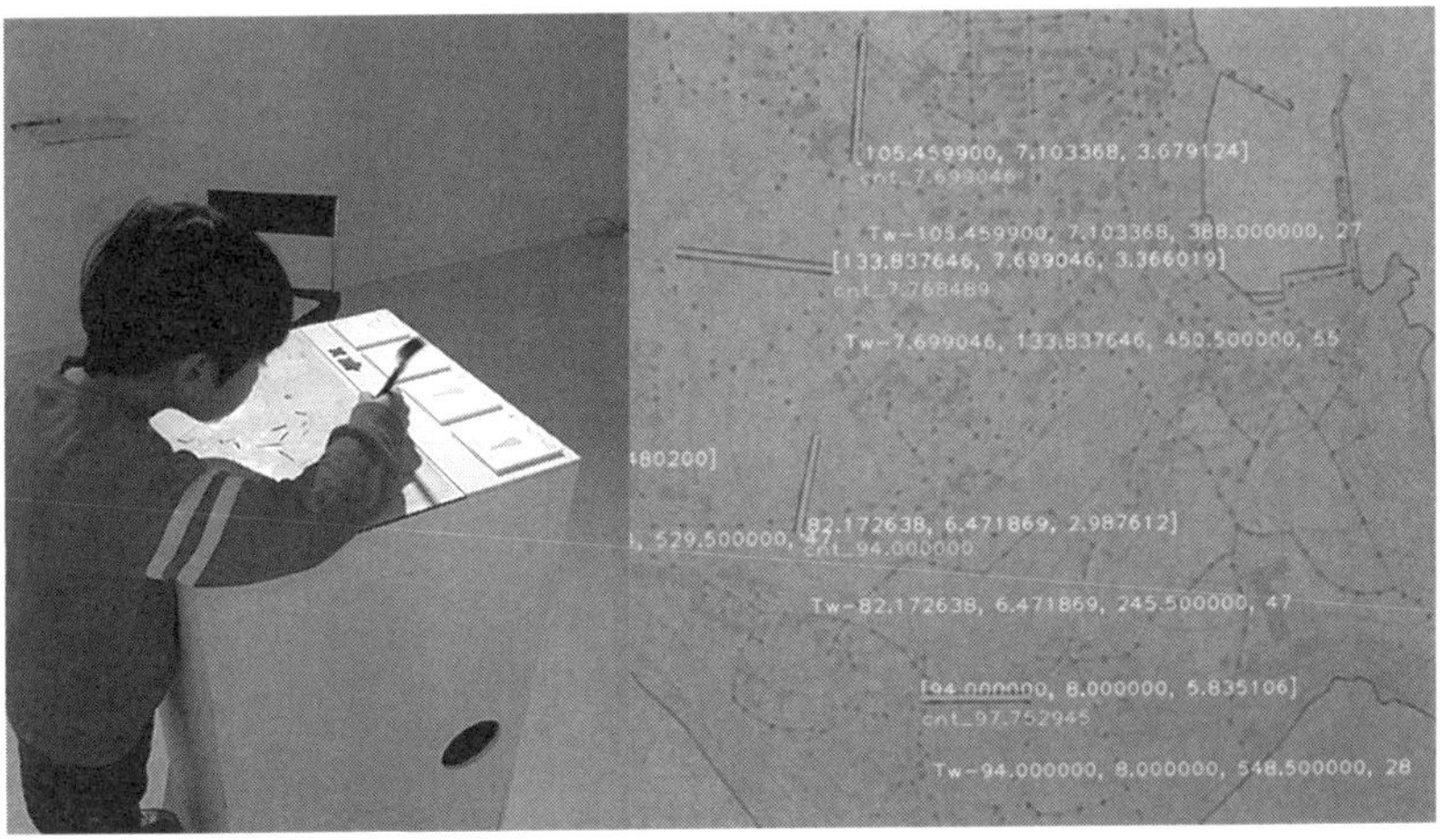

図2　「逃げ地図2.0」で安全避難地点箇所数、総避難時間、整備コストを試算

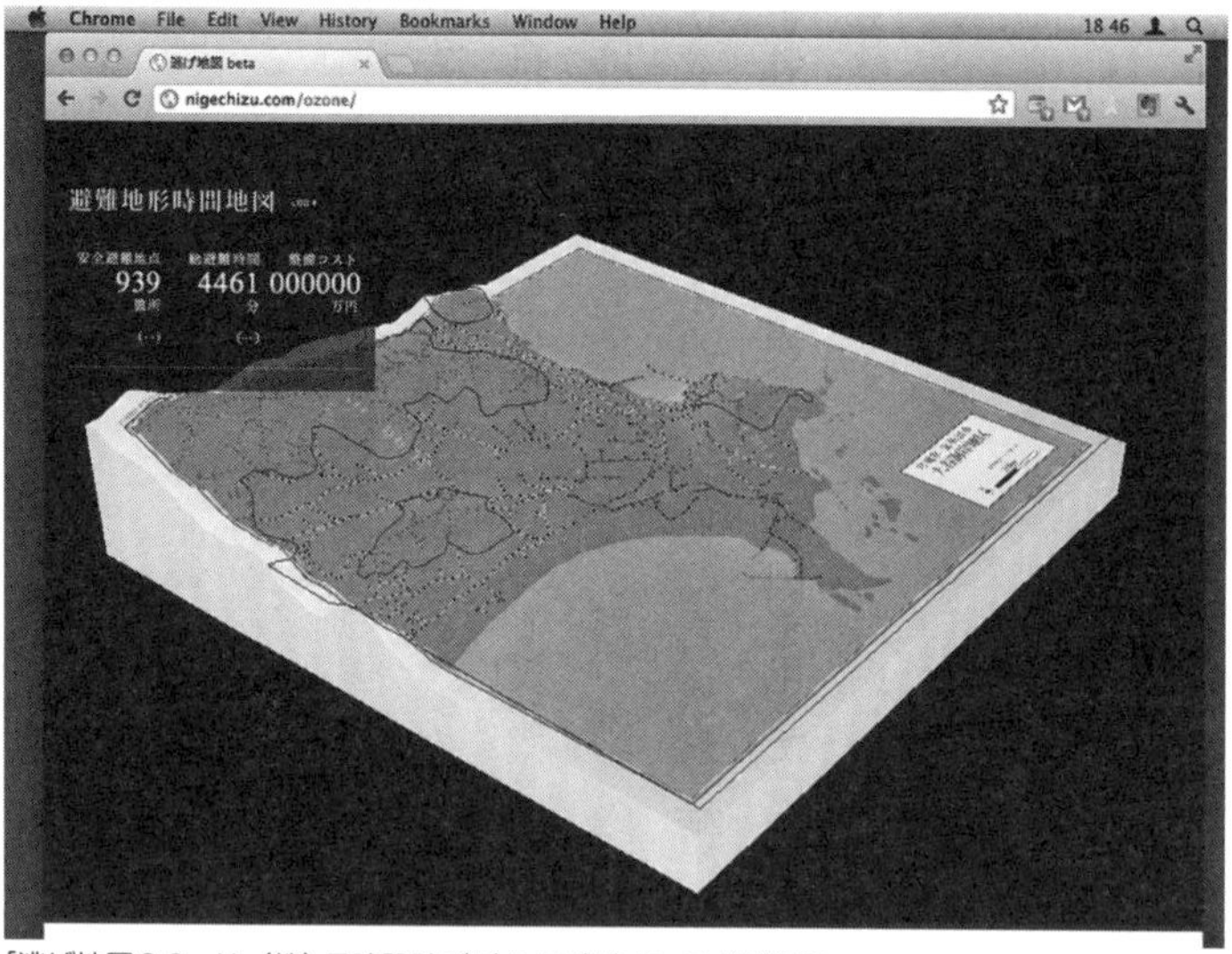

「逃げ地図2.0」は（株）日建設計デジタルデザインラボが開発

図3　対策ごとに整備費用と短縮した避難時間、安全になったポイント数を算出して比較

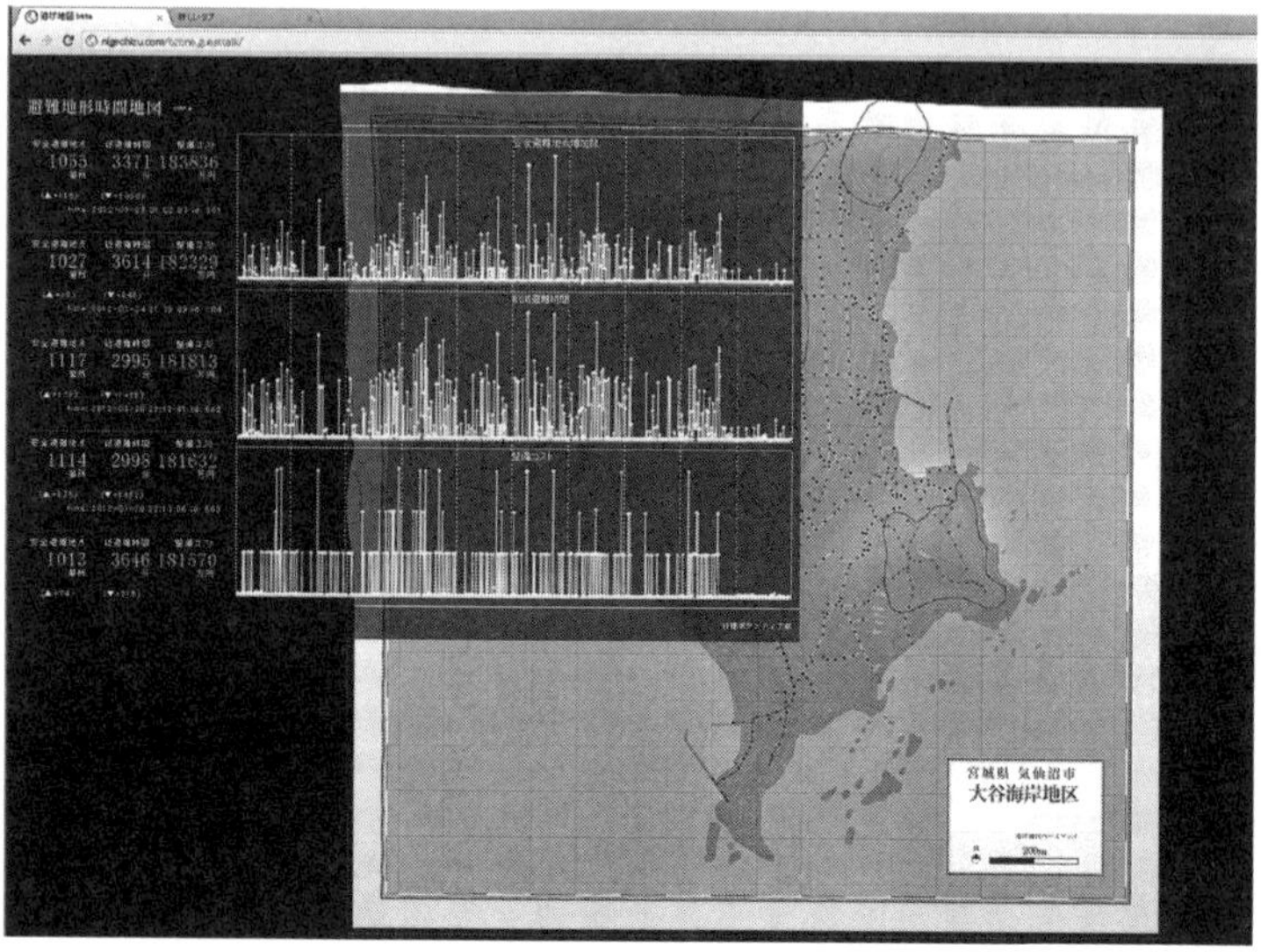

が瞬時に算出され、様々な可能性を試すことができます（図３）。

もちろん、こうした方法は、ベースとなる地図のデジタル化や逃げ地図のデジタルデータベース化などが必要です。本書を読んでくださっているみなさんがご自身に関わる地域で、地域に合った課題を想定しつつ、デジタル方法への展開を試していただけると嬉しいです。

新たな技法の開発

そうした活動を支援し加速する技法も開発されています。和歌山大学システム工学部の吉野孝研究室では、吉野先生を中心に和歌山県の建築家協会とも協力しながら、「**逃げシルベ**」という逃げ地図作成支援ソフトを開発しています。本節コラム（139頁）を見てください。開発時点では逃げ地図づくりプロジェクトチームと和歌山県太地町や高知市でのワークショップで協働し、手を使ってのワークショップとデジタル作成の逃げシルベを併用することで1＋1が2以上の興味深い発見を生み出しました。

デジタル展開の意味

ワークショップのような「手を使って」の取り組みはとても大切です。みんなで集まって、手を使って逃げ地図をつくっていくプロセスには、「ハザードマップの実際を体感する」ことや「逃げるための課題や資源を発見する」ことなど、様々なレベルでの知見や発見があります。それこそが、逃げ地図の本質ではありますが、デジタルベースでの展開はそうした知見や発見を支援したり、多くの人に広めたりしてくれます。事業性や有効性の評価は地域と公共をつなぐ架け橋ともなります。また、現在の逃げ地図では距離や時間の大きさは把握できますが、避難する人数やそれを受け止める避難ルートの許容量などの数量を「見える化」しているわけではありません。これらデジタルベースが得意とするところを拡張していければ、と思っています。

手を使ってのワーク、みんなでのワークショップと二人三脚で歩んでいけるような、新たなデジタルワークの開発にも取り組んでいきたいものです。

COLUMN

逃げシルベ：逃げ地図制作Webシステムの紹介

吉野　孝（和歌山大学システム工学部教授）

紙地図による制作手法では、以下のような課題が考えられました。

(1)　**多様な状況の可視化に大きな物的コストがかかる**

(2)　**情報の信頼性や統一性が確保されない**

(3)　**局所的な防災ノウハウが地域全体に共有しにくい**

これらの解決のために、Web上で動作する「逃げシルベ」を開発しました。下記に「逃げシルベ」の描画例を示します。

「逃げシルベ」は、下記の特徴的な機能を持っています。

(1)　新しい道の描画機能

「逃げシルベ」の描画例

(2)　災害時に通れなくなる道の設定機能

(3)　避難場所の設定機能

現在、あがら防災（http://agara-bousai.jp/）から、お試し利用が可能になっています。将来的に、地域のリスク・コミュニケーションに有効活用されることを願っています。

3 逃げ地図づくりから地区防災計画へ

山本　俊哉

Cからはじめる逃げ地図づくりのPDCAサイクル

いろいろな分野でPDCAサイクルが取り入れられています。P（Plan：計画）を立てて、D（Do：実行）に移し、それをC（Check：点検）してA（Action：改善）するという継続的なマネジメントサイクルのことです。防災の分野でもその必要性が問われて久しく、地域や学校においても様々な実践例が重ねられてきました。避難について言えば、避難計画を立てて、それに基づく避難訓練などを実施し、実施して明らかになったことを点検して改善するというサイクルです。

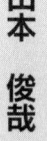

逃げ地図づくりは、このサイクルの中では、**C（Check：点検）**に相当します。つまり、緊急避難場所やそこに至る避難経路を図上で点検して改善に向けた課題について意見を交換します。逃げ地図づくりワークショップを一回きりのイベントで終わらせずに連続的に取り組んでいる地域や学校では、PDCAサイクルを回しています。

例えば、津波からの逃げ地図づくりを早くから進めてきた鎌倉市材木座《ざいもくざ》地区では、地元自治会が中心となり、地権者のお寺の協力を得て高台に向かう斜面地に避難階段を整備しました。その後、ワークショップ形式で逃げ地図をつくり、避難階段の整備による避難時間の短縮効果を皆で確認しました。逃げ地図に記された色が変わることで避難時間短縮効果が一目で分かります。それにより、さらなる**避難対策に取り組むやる気**が出ます。逃げ地図づくりがPDCAサイクルを回す道具となっています。

材木座地区では毎年、由比ガ浜をのぞむ地元の鎌倉第一中学校の中学1年生全員が自治会などの協力を得て逃げ地図づくりを続けています。避難対策の改善状況の確認に加え、逃げ地図づくりの担い手を毎年生み出しています。

逃げ地図を活用した指定緊急避難場所の見直し

逃げ地図づくりは、避難目標地点を定めて、そこに至る避難経路の避難時間を可視化しますが、その避難目標地点は必ずしも緊急避難場所とは限りません。つまり、津波の場合は、津波想定浸水区域外の境界線（想定される津波の遡上ライン）と道路・通路等の交点を避難目標地点としており、その多くは必ずしも緊急避難場所として認識されていません。また、土砂災害の場合は、第一義的には土砂災害警戒区域外の安全な施設全てが避難目標地点となり得ますが、大雨に備えて一時的にとどまることが可能な緊急避難場所の候補施設を避難目標地点として設定して逃げ地図を作成しています。つまり、逃げ地図づくりは、避難目標地点の設定を通して、緊急避難場所の候補を広げ、もしくは絞り込む作業であり、その候補の中から緊急避難場所を指定することが大事です。

指定緊急避難場所とは、切迫した災害の危険から逃れるための避難場所として、津波や土砂災害などの災害の種別に、市町村長が指定した一定の安全性の基準を満たす施設又は場所をいいます。従来の災害対策基本法では、危険を逃れる避難場所と被災後に避難生活を送る避難所が明確に区別されておらず、避難場所は災害の種別に分けて指定していなかったことから、東日本大震災では被害拡大の一因になりました。このため、2013年6月に改正された災害対策基本法では、**避難場所と避難所を明確に区別**し、**災害種別に避難場所を指定する**ことを促しました。

津波からの緊急避難場所は、高台など安全な区域内、又は一定の基準を満たす津波避難ビルなどの施設や場所を指定するほか、逃げ地図づくりを通して、その候補を増やすことが重要です。内閣府の「津波避難ビル等に係るガイドライン」では、津波避難ビル等は、やむを得ず適用される緊急的・一時的な避難施設であり、その指定・普及の推進にあたって認識しておくべき最も重要な点は、津波から生命を守る可能性の高い手段を、地域内に少しでも多く確保していく姿勢であることを明言しています。

土砂災害からの緊急避難場所は、土砂災害警戒区域外の公的施設、又は土砂災害警戒区域内の一定の基準を満たす施設を指定するほか、逃げ地図づくりを通して、その候補を増やすことが重要です。国土交通省砂防部の「土砂災害警戒避難ガイドライン」では、民間施設を一時的な避難場所として協定を結ぶなどして、できる限り最寄りに安全な緊急避難場所の確保に努めることを示唆しています。

逃げ地図を活用した避難計画の検討

先に述べた災害対策基本法の改正に伴い、避難行動要支援者の名簿作成とその事前開示が義務付けられました。また、避難支援等関係者と連携して個別避難計画を策定することが進められました。しかしながら、その個別避難計画の策定はあまり進んでいるとは言い難い状況にあります。こうした中、岩手県岩泉町の高齢者施設が被災して深刻な人的被害が生じたことから、水防法と土砂災害防止法が改正され、洪水や土砂災害の危険性の高い地域に立地している**社会福祉施設や医療機関、学校に避難確保計画の策定が義務付け**られました。

こうした施設の避難確保計画では、避難勧告等が発令される前、すなわち、避難準備・高齢者等避難開始の発令の後、できる限り安全な場所に早期避難することが基本になります。したがって、必ずしも逃げ地図づくりは必要とは言えませんが、逃げ地図づくりを通してこうした施設の避難確保計画を促すことができます。また、避難行動要支援者の個別避難計画の策定も促すことができるでしょう。

津波避難計画は、海岸線を有するほとんどの市町村がすでに策定済みです。この計画には、高台の緊急避難場所や津波避難ビルの指定、津波対策の教育・啓発の方法・手段、避難訓練実施体制・内容などが定められています。これらを実効性の高い避難行動に結びつけていくには、計画の周知・普及はもとより、計画の見直しも必要です。逃げ地図づくりはそれらを促す有力な手段になります。

地区防災計画とは

東日本大震災の教訓を踏まえ、２０１２年に改正された災害対策基本法では、①大規模広域な災害に対する即応力強化、②大規模広域な災害時における被災者対応の改善、③教訓伝承、防災教育の強化などによる防災意識の向上、④地域防災計画の策定等への多様な主体の参画などが定められました。続く2013年の改正では、住民等の円滑かつ安全な避難の確保が強調され、避難所と緊急避難場所を区別すること、要援護者名簿や防災マップを作成することなどが定められました。また、平時からの防災への取り組みを強化するため、「減災」の考え方を基本理念とし、地区防災計画の制度が創設されました。

この**地区防災計画に定める事項**は、特定されていません。緊急避難場所の指定や避難行動要支援者の対応から災害発生時の住民と事業者の相互支援など地区の防災活動を広く対象としています。市町村防災会議は、地区防災計画を定める必要性を判断した時は、市町村地域防災計画にその地区防災計画を定めなければなりません。市町村地域防災計画に地区防災計画が定められた場合は、地区の住民や事業者はその計画に従って防災活動をするよう努力義務が課せられています。

逃げ地図づくりから地区防災計画へ

内閣府災害対策法制企画室長として地区防災計画制度等の災害対策基本法改正の制度設計を担当した佐々木晶二氏は、著書の『政策課題別都市計画制度　徹底活用法』（ぎょうせい）の中で、逃げ地図の作成から地区防災計画の立案の流れを次のように説明しています。

「①自治会長などを通して、住民や学生に呼びかけて、逃げ地図づくりの地区協議会を開催して、逃げ地図を作成する。②逃げ地図の避難目標地点付近に、すでに指定された緊急避難場所があればそれを記載し、まだ指定されていなければ、地区住民で話し合って住民が必要と考える指定緊急避難場所を記載する。③避難行動要支援者名簿が既に提供されている場合には、その要支援者ごとに具体的な支援の方法（例えば、自動車で例外的に避難することを認める）を地図にポイントを落として記載する。当該名簿が提供されていない場合には、提供された段階で記載を追加する。④観光地などにおいては、旅館など事業者に対して、観光客に対する逃げ地図の周知を努めることを記載する。⑤以上の内容を記載したものを、当該地区協議会で了解した上で、地区協議会名、自治会長名など、そのまとまった地区を表現する代表者名で、○○地区防災計画の素案として、市町村長に提出する。⑥市町村長は、提案された地区防災計画の素案の内容のうち、緊急避難場所の指定、避難路の整備など、市町村の対応状況を確認し、市町村としての実現可能性をきちんと踏まえた上で、市町村防災会議において、○○地区防災計画として、市町村地域防災計画の一部に定めることとする。」

要約すると、その地区の自治会などの主催で開催した逃げ地図づくりワークショップを地区協議会として位置付け、逃げ地図に記載された緊急避難場所の指定など住民らが必要とする避難計画の内容をまとめれば、地区防災計画の素案として市町村に提出して市町村地域防災計画の一部に定めることができます。地区防災計画の素案づくりにおいては、緊急避難場所の指定など住民らが必要とする避難計画の検討とその内容についての合意形成が重要になりますから、逃げ地図づくりワークショップを**少なくとも2回開催する必要**があります。

秩父市における地区防災計画立案の事例

国土交通省砂防部の「土砂災害警戒避難ガイドライン」では、市町村は安全な避難場所を確保することが定められています。秩父市久那地区の地震時の避難所および緊急避難場所は久那小学校ですが、土砂災害警戒区域内にあることから、秩父市危機管理課では当時、久那小学校を大雨時の緊急避難場所として指定することに不安がありました。久那小学校は、付近を流れる沢に土石流を予防する堰堤を整備するとともに土石流に耐えられる構造の校舎がつくられていました。現校舎の建設当時をよく知る地元町会長は、大雨時にも同小学校の利用を主張していました。他方、他の町会からは久那小学校へ避難する途中に被災するおそれがあるという意見もありました。そこで、久那地区を構成する三町会が共同して避難時の取り決めを検討するための材料として、津波からの逃げ地図づくりの手法を応用して、土砂災害からの逃げ地図づくりを試みることにしました。

作成された各町会の逃げ地図には、**早期に避難すべき区域**（土砂災害警戒区域と土石流危険区域が重なり、過去に災害履歴のある区域）と、**雨天時には避難せず**自宅にとどまっていた方がよい安全区域が明示されました。また、避難目標地点と避難障害地点の検討をもとに、土砂災害からの緊急避難場所が設定されました。公共施設や各区の集会所の他、一般の民家や旅館等も候補としてあげられました。

従来、暗黙の了解で各区の集会所に避難するとしていましたが、豪雨時にはその集会所に避難するよりも民家または隣の区の集会所に避難した方が適切であるという取り組みも検討されました。さらには、ある集会所の収容人数を超えた場合は隣の区の集会所を利用するという従来の地域コミュニティ単位を超えた避難方法が話し合われました。逃げ地図で検討した避難方法は、避難勧告時の対応であり、避難準備情報・高齢者等避難開始時には要援護者を車に乗せて指定された避難所と緊急避難場所に避難する重要性も確認されました。

2015年8月に行われた久那地区の防災訓練において各町会長らが参加住民に逃げ地図づくりの成果を説明し、逃げ地図づくりワークショップで候補にあがった緊急避難場所（民間施設を含む）や避難のタイミングと避難方法について周知することができました。作成された逃げ地図を持って点検まち歩きを行うことで、避難場所や避難経路の安全性を確認し、**ワークシートにまとめる**ことで避難のタイミングや避難行動要支援者の避難方法について確認することができました。これらの成果をもとに、①早期の自主的避難、②町会や区の枠組みにとらわれずに避難、③警戒区域外への避難、④住民らの共助を、土砂災害からの避難に関する基本方針として、地区防災計画の素案づくりに着手しました。

久那地区の地区防災計画案のとりまとめにあたっては、①平時から進めておくべきこと、②避難準備情報発令時の行動、③避難勧告及び避難指示発令時の行動、④避難者及び避難所の対応の4章で構成し、このうち①～③は、各**町会がとるべき対応**と**住民がとるべき対応**を分けて、具体的な行動規範を示しました。作成した逃げ地図については、各町会は平時から広く住民に周知し、住民は指定避難場所を確認しておくこと、避難準備情報等の発令時には逃げ地図を活用して町会指定避難場所に向か

図表 秩父市久那地区防災計画と上白久地区防災計画

Ⅰ 平時	1 町会	1）町会単位で自主防災組織との緊急連絡網を作成、見直し周知 **2）防災訓練時に土砂災害からの避難訓練を盛り込む。** 3）作成した「逃げ地図」を広く住民へ周知しておく。 他２項目	**1）土砂災害からの逃げ地図を広く住民に周知** 2）土砂災害避難訓練の実施 3）避難行動要支援者などの避難方法の確認 4）大雨時緊急避難場所の指定
	2 住民	**1）町会及び市が指定した避難場所と「逃げ地図」の情報の認識** 2）行政発行の「土砂災害ハザードマップ」情報の認識	1）町会が指定した大雨時の緊急避難場所までの避難経路の認識 **2）町会が作成した「土砂災害からの逃げ地図」の情報の認識** 3）秩父市が作成した「土砂災害ハザードマップ」の情報の認識
Ⅱ 避難準備情報発令時	1 町会	1）町会対策本部を立ち上げ、定められている役割分担体制を敷く。 2）町会指定一時避難所を開設し、その旨を市対策本部に報告する。 他４項目	1）町会指定の大雨時緊急避難場所の開設 2）地元消防団との連携 他３項目
	2 住民	1）避難か自宅内にとどまるかの自主判断 **2）「逃げ地図」を活用し町会指定一時避難所に向かう。** 3）自宅内のより安全な場所への避難 他３項目	1）避難か自宅内にとどまるかの自主判断 **2）市又は町会指定の緊急避難場所へ「逃げ地図」を活用して避難** 3）自宅内のより安全な場所への避難 他３項目
Ⅲ 避難勧告発令時	1 町会	1）直ちに町会対策本部を立ち上げ、定めた役割分担体制を敷く。 2）　地元消防団へ避難誘導、避難支援等を要請 他３項目	1）地元消防団への避難行動に関する要請 2）土砂災害警戒区域住民等の避難行動の呼びかけ 他３項目
	2 住民	1）避難か自宅内避難かの自主判断。 **2）「逃げ地図」を活用し町会指定一時避難場所に向かう。** 他２項目	1）避難に関する自主判断 **2）町会指定の緊急避難場所等へ「逃げ地図」を活用し避難** 他２項目

うことを明文化しました。

この久那地区の取り組みは、秩父鉄道の終着駅・三峰口駅付近の上白久地区や下白久地区にも横展開し、いずれも地区防災計画を立案しています。上白久地区では、地区住民のほぼ全世帯が参加した避難訓練で、作成した逃げ地図の活用と避難行動に関するアンケートをとったことで、住民の総意として地区防災計画を立案することができました。

COLUMN

地区防災計画策定を促した逃げ地図づくりのすすめ

磯田 欣央（埼玉県秩父市危機管理課主幹）

■秩父市の災害発生へのリスクと市民の不安感

秩父市は、面積（577・83㎢）の約87％を山林が占め、埼玉県が指定する土砂災害警戒区域が１１００箇所以上点在しています。そのため、集中豪雨が降れば、土砂災害の発生リスクが高く、災害に対する市民の不安も高い状況にありました。こうした中、市民が求める災害対応への要求も高い割合を示しており、地域の実情に合わせた避難計画図の作成が急務となっていました。

■逃げ地図の作成までの経緯

当市では、ＷＨＯが推奨した協働による安全安心まちづくり「セーフコミュニティ」の国際認証を取得しており、その活動を通して明治大学山本俊哉研究室との繋がりがありました。こうしたことから、逃げ地図の取り組みを知ることとなり、逃げ地図による土砂災害を想定した避難計画図の作成に取り組むこととなりました。

逃げ地図の作成にあたっては、山間部で土砂災害警戒区域が多く存在しており、市が指定する緊急避難場所が土砂災害警戒区域の中にある地域を選定しました。また、地域住民の防災に対する意識が高く、「住民参加型のまちづくりワークショップ」を行う上で、防災について真剣に語り遭うことが可能な地域をモデル地区としました。当市の場合は、地域の関係者（町会役員、消防団、ＰＴＡ、育成会など）が集まるワークショップを、地区ごとに4回程度行い、逃げ地図を完成させています。

■逃げ地図作成による効果（行政の立場から）

市では、ハザードマップを配布し、普段から危険箇所、避難場所、避難経路の確認を市民へ呼びかけていますが、2016年に行ったアンケート調査では、ハザードマップを読んだと回答した方はわずか8％という状況でした。そのため、逃げ地図の作成を地域へ展開していくこと自体が、減災の観点において、最も重要な効果でありました。具体的には、大きく次の二点①避難行動がマニュアル化されたことで、普段からの対応や避難情報発令時の対応が的確に行えるようになり、早めの自主避難に結びつくこと、②避難行動要支援者に対する地域での支援体制が具体化したことが挙げられます。

■逃げ地図の作成から地区防災計画の策定へ

地域で完成させた逃げ地図を風化させず地区で着実に行動計画として運用していくため、地区防災計画の策定が行われました。計画の原案は、地域の自主防災組織の行動計画と連動されており、より実践的なものが地域から提案されました。逃げ地図を作成した地区では、逃げ地図を基本とした行動計画として、地区防災計画の策定まで、熱意を持って協力をしていただけています。また、逃げ地図の作成も、自然環境による災害リスクの高い地域や土砂災害に対して不安を抱いている地域へは、市が作成を提案し、一緒になって逃げ地図の作成に取り組んでいます。

■地区防災計画の必要性（当市が求めているもの）

住民自らの意思で各場面における具体的な行動計画（地区防災計画）を立案し、これを実践することが、これからの防災では重要となります。面積が広大で森林が多く中心市街地と山間部で環境や気象面に大きく違いが生じる当市では、地域住民が状況を判断し防災の取り組みを積極的に展開していくことが求められています。災害に強いまちづくりの基本は、地域住民による共助対応です。当市では、共助づくり（地域間連携）に特に力を入れ、地区防災計画策定の必要性を訴えています。

第6章

逃げ地図のすゝめ

羽鳥達也（日建設計・逃げ地図開発者）
×
山本俊哉（明治大学教授）
×
木下　勇（千葉大学教授）

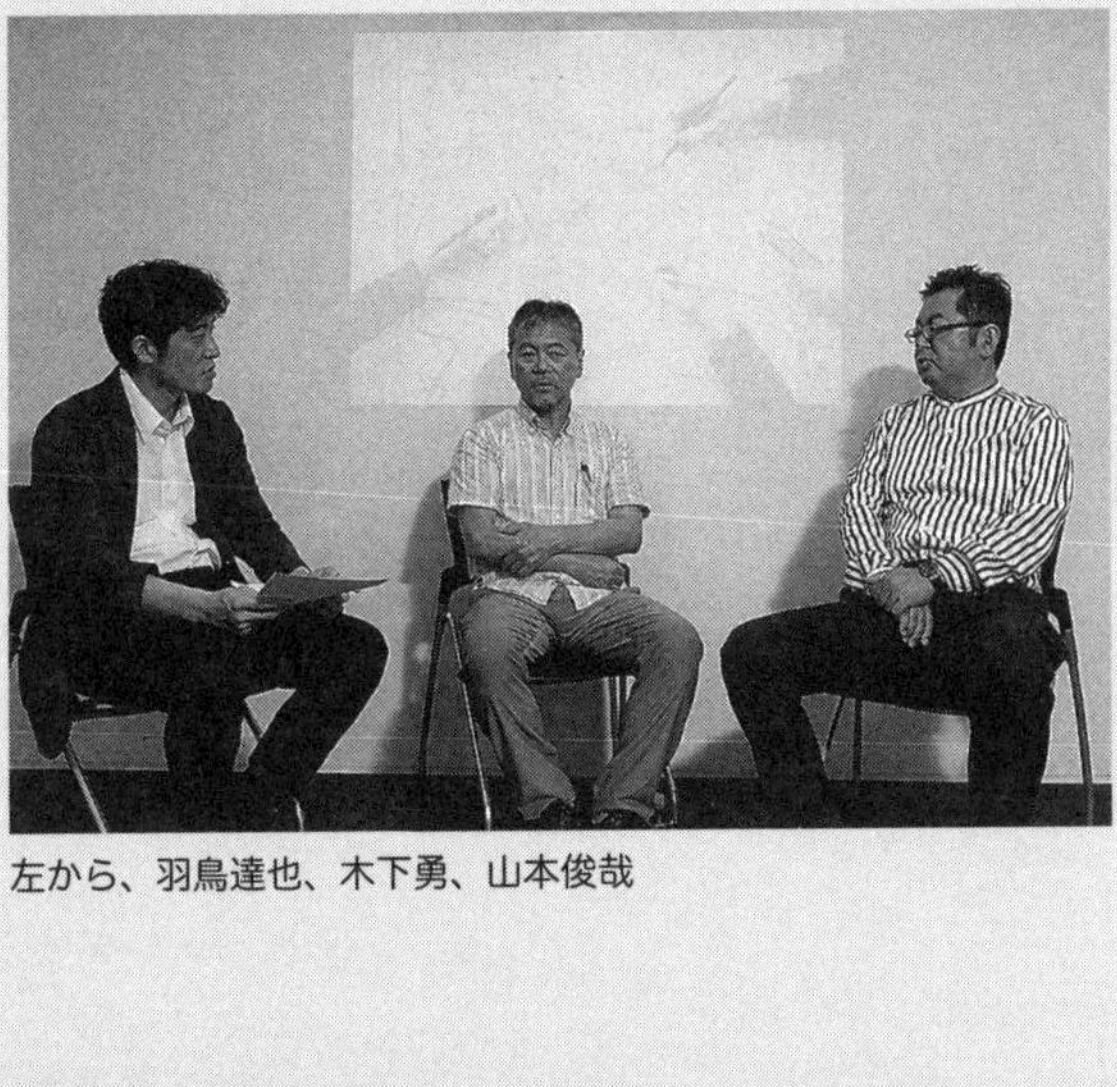

左から、羽鳥達也、木下勇、山本俊哉

＊逃げ地図は大手設計事務所の日建設計が大規模施設の避難計画のノウハウを応用し、東日本大震災の教訓から開発されました。

●――東日本大震災後、東北で

羽鳥　逃げ地図は、陸前高田市で最初のワークショップを行いました。日建設計ボランティア部は北の釜石から陸前高田までぐらいのエリアを担当するチームと、僕ら気仙沼、志津川（南三陸町志津川）などの南三陸、それと石巻市の3チームで活動していました。

当時は各地でプレハブの仮設のコミュニティ施設ができて、各地で各チームがボランティア活動をしていました。私自身はまだ陸前高田には行っていませんでしたが、各チームのメンバーから「逃げ地図を教えて」と言われ、陸前高田や釜石や石巻でも逃げ地図をつくっていました。

震災直後、東京の設計事務所や建設会社も参画し、東北大、宮城大、東北工大の学生のための特別オープンデスクを行いました。それで日建設計では、そのときに学生もそれぞれ3地域に分かれてリサーチしていました。我々もそのチューターとしてその班ごとに分かれて対応しました。僕らが担当したのがたまたま気仙沼でした。

山本　僕らは陸前高田に2011年4月から入りました。最初は気仙沼に入る予定でしたが、陸前高田を応援してくれといわれ、ワークショップをやっていました。そのときは「復興まちづくり」のワークショップでした。だから、羽鳥さんたちが復興まちづくりのために逃げ地図をつくったのは、あの時期の被災地からの要請だったのかなと思います。

羽鳥　確か、大坂俊さん（陸前高田市議）が（陸前高田市）長部（おさべ）地区の復興まちづくりについてそろそろ議論をしたいと言って、逃げ地図づくりに取り組んだわけですね。

山本　たまたま、大坂市議と友人の当社の役員が日建設計のボランティア部がこういうのつくったよっていう話をして、それで日建設計に来られたんですよ。地図のパネルを見て、これを陸前高田でやりたいって話になって。それが私が長部に行ったきっかけですね。

羽鳥　（羽鳥氏が陸前高田に行った）その日の夕方にちょうど陸前高田で建築関係の講演会があって、そこに私たちの支援活動の仲介役を担っていた菅野広紀さん（陸前高田市議）が羽鳥さんたちを連れてきて、私に紹介してくれました。そこで逃げ地図の概略を聞きました。

山本　大坂さんたち議員さんには日建設計で（来た際に）説明をしたのですが、地元の長部のコミュニティセンターの方たちや、いろんな方にそれを説明してほしいって言われて現地に行ったんですよ。

羽鳥　実際のワークショップはその後ですか。

山本　ワークショップはその後ですね。

羽鳥　私たちは研究室として仮設住まいの人たちに話を聞いていましたが、最初のワークショップに参加した皆さんは、仮設住まいの区長さんたちが中心でしたね。

山本　そうですね。

山本 その頃、私の研究室に学生としてHｅｙ！Ｓａｙ！ＪＵＭＰの伊野尾慧君がいました。彼が被災地で、しかも彼のファン層の小学生、中学生たちに伝えられるような研究をしたいと、陸前高田に入って気仙（けせん）町の気仙小学校、長部小学校、気仙中学校をメインにしながら、リサーチをしていました。それで彼にも逃げ地図の話をし、２０１２年5月に一緒に日建設計に行って逃げ地図づくりを体験しました。

　僕も木下先生もワークショップをやりながら、しかも子どもを巻き込んで、被災地の復興を考えるような機会をつくっていましたし、東日本大震災の経験をきちんと伝えていく、展開していくことが大切だと話していました。一緒に子ども向けのワークショップのツールを開発していたので、逃げ地図づくりのワークショップの手法を研究しようという話をしたんですよ。

活動の本格化

山本 あのときはまだ、逃げ地図の研究予算がついてなかったので、本格始動したのは科研費の予算がついた２０１３年4月からでした。当時も課題は、地域の次代を担う子どもたちをどう育てていくのか、ということです。中学生もすぐに大人になってしまいますからね。

木下 だから最初にリステックス（社会技術研究開発センター（ＲＩＳＴＥＸ））への申請のときに、羽鳥さんたちが鎌倉で中学生とワークショップをして、小学生には難しいと判断していたので、対象を中学生以上としました。

山本　小学生も加わって、塗り絵みたいに色は塗れますが、意味は理解できるかどうか怪しい。それで中学生ぐらいかと考えていましたね。

木下　僕らは申請のときもそのあたりは中学生か、小学生でもできるかって議論になりました。小学生でも今の子どもって成長が早いし、やっぱり僕は小学生高学年ならできるんじゃないかなと考えていました。そのあたりのチャレンジを（静岡県の）河津でやってみようとなりました。

山本　ちょうど僕らが子どもの安全のワークショップなどを木下先生中心にやっていました。下田中学校で、科研費を使ってチャレンジしたのです。

羽鳥　逃げ地図の前にもう下田には入られてたんですよね。

木下　下田は僕の郷里でもあって、東日本大震災の後に、南海トラフの（津波予測高が）最大32メーターと、（高知県）黒潮町に次いで2番目と発表されました。あれが結構、新聞でも大騒ぎになって、庁舎移転問題やら含めて、問題になった。そのような中で、ちょうど「逃げ地図」があるので、ちょうどいいんじゃないかという話になりました。

山本　体育館でデモンストレーションをしました。DIG《ディグ》に私の研究室の学生が逃げ地図を下田中学校に持ち込んで彼らが一生懸命説明したのです。

※DIG：Disaster（災害）、Imagination（想像力）、Game（ゲーム）の頭文字。参加者が地図を使って防災対策を検討する訓練。

木下　僕と一緒に泊まりながら避難訓練をやりました。県では、DIGの指導者のプログラムは先にできていて、全体のワークショップをやりました。その合間に夜、自由参加でみんな寝る前に大人だけ集めてやってみました。そのような設定でしたが、受け入れが（地元の）賀茂地域の災害ボランティアコーディネーターの会でした。そこに持ちかけていって、合宿の避難訓練のときにというような設定でデモンストレーションをしました。それで理解を得ることができて、次に災害ボランティアコーディネーターの会でやる段階なるんですね。

山本　それが続いて（下田市立）朝日小学校で、うちの学生がそこに泊まって、またゲリラ的にプレゼンテーションをしました。それは面白いってなって。それに響いたのが明治大学建築学科出身の進士弘幸さん（132頁参照）がこれは面白いと言って、中学校で逃げ地図づくりワークショップを開催する形になったんです。

やってみてはじめて分かる

木下　「逃げ地図」って言葉で言っても分からないんですよ。やってみないと分からない。

羽鳥　やってみないと分からないっていうのが、陸前高田の前に（岩手県大船渡市の）越喜来（おきらい）地区の人たちとのワークショップで感じたことでした。メンバーが、大学関係者だし、若いし、理系の人たちだから、話せば分かると思っていたのです。でも結局、やってみて初めて分かったって、彼らにすら言われました。2012年の最初の頃に陸前高田でワークショップをしてほしいと話がきたのですが、その前に以前仕事でお世話になった気仙沼の造船業をやっている高橋和志さんの所へ行って、逃げ地図を説明したのです。僕らはつくった側だから当然理解できているのですが、話してても高橋さんは全然分からなかった。半分けんかになりそうだったのですが、たまたまNHKの解説委員の鎌田さん（元NHK解説委員の鎌田靖氏）がその場にいらっしゃって、鎌田さんがそれを瞬時に理解して高橋さんに解説し直してくれたんですよ。

あとで高橋さんから聞いたのですが、その鎌田さんの解説でも分かってはいなかったらしい。でも、鎌田さんが理解して、これはすごいって言ってるのだから、これはすごいのだろうと思っていたそうです。

だから、やってみなければ分からないだろうなと思っていたんです。正直、山本先生にお会いしたときも、多分分からないだろうなと思ってプレゼンテーションでパワポの画面を使ってやっていたんですよ。

山本　そうですか。私は直感的に面白いと思って声をかけました。

羽鳥　だから分かる人と分からない人とかなり差がある。

山本　東北の被災地では、防潮堤問題が結構、地域の中で議論になっていましたから。

羽鳥　当時はそうですよね。

山本 世界的に巨大な構築物での防御には限界があって。やはり防災の基本は、「逃げる」のが基本だということが一つ。二つ目は、一方的に何か決めるのではなくて、コミュニケーションを取りながら対策を講じること。三つ目は、伊野尾君がやろうとしていたことですが、避難の経験を聞き出して共有することです。（震災後）1年目はまだ（被災者の心情的に）辛いねと当時は思われていましたが。

羽鳥 （石巻の）大川小の問題とかいろいろありましたからね。伊野尾君が調査していた学校は裏山に逃げて大丈夫だったみたいですね。

山本 そうですね。その話は僕らも聞いて、やはり普段から特に地域の大人たちが子どもたちに、いざというときにはどこに逃げるかを認識させる。そういう意味で山で遊んだりすることが大事だとかなり力説していて。伊野尾君はそれに感銘を受けるわけです。それで子どもを介した下田の取り組みにつながっていくわけです。

木下 日本の場合、ワークショップなどをいきなりやってもなかなかうまくいかないんです。下田の場合もやる前にいろいろ、根回しをしました。市長からはじまって、担当の部署、それから学校でやる場合には教育長などに会いながら説明していきましたが、確かにどうにも伝わらない。それでも下田の場合は、南海トラフの津波の想定高32メートルって恐怖があるから、何かやる必要があるという思いはある。それで乗っかってきている感じが強いところがありました。

山本　当時はＤＩＧと何が違うのかよく分からないと、マスコミからよく聞かれました。

羽鳥　私も聞かれましたけど、僕は当時ＤＩＧを知らなかったので、ＤＩＧってなんですかって逆に聞いていました。（笑）

山本　当時言われていたことは、ＤＩＧの出来不出来がファシリテーターによるということでした。

羽鳥　形式があまり固まってないですよね。

木下　固まってない。要はいろいろ防災も避難場所とかいろんな施設関係をチェックしながら大きな地図の上にシート貼ってそれを落とし込んでいったりとか、ハザードマップ見ながらとか、避難場所を確認していました。

羽鳥　多角的ですよね。

山本　静岡県は先進地域で、静岡県版のＤＩＧがありましたからね。それに加えて総務省消防庁が自治体向けに津波避難計画のガイドラインをつくっていて、ＤＩＧのような住民ワークショップをやりましょうと書いてある。だから自主防災活動がしっかりとした地域や、津波の避難リスクが高い地域は結構やっている。でも逃げ地図をやろうと持ちかけると、それがハードルになる。

羽鳥　またやること増えるのかみたいな。

山本・木下　そうなんです。

地図づくりがもたらすリスク・コミュニケーション

木下　逃げ地図では、発話を記録してポストイットに落とし込んでいきます。あれが結構、重要だと思います。調査技法で、特にフィールドや臨床などにある、会話を記録していくという会話分析の調査方法があるんです。そこまで分析的でないにしても、逃げ地図ではいろんな話が出てくるわけです。それでここの避難の場所は安全かとか、前は土砂崩れがあったとか、この高台は大丈夫とか、いろんな発話が出てくる。そういうのを記録していく。そのときにまさに、地域のリスク管理への視点が出てきているんですよ。延長していけば防災まちづくりへ展開する。そういうところは結局はファシリテーションの仕方なんだけれども、DIGではそういうコミュニケーションのプロセスをあまり重視してないところがあるんです。DIGでもできるかもしれないけど、その辺りの逃げ地図とDIGの違いは明確にあると思います。

羽鳥　僕らも最初、「逃げ地図ワークショップ」は逃げ地図のつくり方や使い方を理解してもらうためのワークショップと考えていました。しかも、そういう分析する手法があるとは知らなかったので、いろいろなコミュニケーションが生まれて、すごい情報が行き交っているのは実感してましたが、記録に残しとかなきゃいけないという意識はあまりなかったのです。だから記憶は結構、残っているのですが、記録には残ってないのです。そういうところが、木下先生や山

山本 本先生に引き継がれていった、ワークショップとの違いだと思います。なにせワークショップをやったことのない人たちばかりですからね。しかも色塗りはみんな小学生以来だとか言いながら、最初はみんな黙って塗っている。それがだんだん頭が柔らかくなって話し始める。

羽鳥 塗っていると地図から風景が、浮かんでくるんでしょうね。

山本 蘇ってくるんですよね。ここは何だったとかぼそっと言い始める。

羽鳥 そうですね。だんだん地図に文句つけ始めますね。（笑）

木下 これ違うとかね。これ古い地図だとかね。

山本 班を分けたときに、口も聞きたくないという2人が一緒になる場合がある。でも呉越同舟なんですよね。

羽鳥 そう。私の体験でも議員たちに呼ばれて行ったので、特に警戒していなかったのですが、その地区がある市に編入されたばかりで、しかもその地区内の集落同士の仲も良くない状態だったようで。地区の長がいたのですが、あんまり会話もしていなかった。しーんとしていました。後日、別の市議から、「よくあの地区でワークショップできたね」って言われて。本当は結構、大変な地域だったとあとから分かりました。

木下 高知県の黒潮町も南海トラフの対策の取り組みはかなりすごい展開をしていて、避難タワーも建っている。そういう所で、山本先生と一緒に行ってやったときに、あそこは一自治会に一つで避難タワーが建っている。そこで逃げ地図をやってみると、（地図の）端っこの人は隣の避難タワーへ逃げたほうが早いとか、そういう矛盾も逃げ地図をやると実感してくる。

山本　津波の危険性の高い地域には、集落のコミュニティが非常に強い所が多い。漁村はもともとそういうコミュニティだったと言われていますね。そうした地域で逃げロールという「革ひも」を使って色を塗ると、どこに逃げたらいいかが一目瞭然で分かる。

羽鳥　でもワークショップをやっていると最終的には結構、和気あいあいとしだすんですよね。あれは不思議です。

木下　海辺の近くの、僕の郷里の南伊豆の弓ヶ浜では、避難タワーを松林を削って造っています。その地区は湊という集落が4つに分かれてるのだけど、そこもお互いにあまりつながりがないんですよ。高台は奥のほうにあって。海側の人は、見た目には本当は避難タワーのほうへ逃げたほうが早いのですが、川の河口の近くでもあるため、海に向かって逃げる気にはならない。でも、逃げ地図づくりをやってみると、避難タワーに逃げる場合とそうでない場合、明らかに違いがあって、歴然とする。そういう違いを見ると、みんな「おおっ」て言います。それは結構、意識が芽生えてくるきっかけになります。最初は「避難タワー、あんなのつくって、あんなところに逃げて取り残されたらどうするんだ、海に向かって逃げるなんていうのはできない」って言っていた。でも、逃げ地図をやってみると、いざとなったらそっちに逃げるという認識に入ってくるっていうのはいい。

羽鳥　避難タワーって行政側に不満を持ってる人たちにとっては不満をぶつける対象になっていたりしますよね。

●──繰り返すことで次の世代につなぐ

山本　黒潮町は、防災活動の熟度が高い地域で、女性リーダーの人たちが結構引っ張って逃げ地図をつくりましたが、陸前高田にせよ、下田にせよ、やっぱり小中学校を起点にすることが重要ですよね。小中学校の子どもたちが地域のことを考えて逃げ地図をつくったのだから、うちの地域もやってみようというような形で広がった。地域からはなかなか言い出しにくいんですよね。

木下　そう。河津のような（小さな）町だと、防災の担当も2人ぐらいしかいなかったりする。そこでは色々な負担があって、聞いてみると大変なんですよ。それで災害ボランティアの人から最初に小中学校の家庭教育学級でやってくれというような話があって行ってみたら、県の防災担当の人もいました。そしてＰＴＡの人たちから小学校で今度やってほしいというような話に

木下勇氏

なって、初めて小学校5、6年生向けに逃げ地図をやったんですね。

ちょうどたまたま、その小学校が県の防災教育の指定校となっているところでもあり、それで関心もあって、小学校5、6年生に1回やってみたんですね。そしたら割と5、6年生もできると感じました。翌年度に学校の先生から総合の科目で取り組みたいと相談があり、僕のところにちょうど学生で教育学部出身の学生がいたので、彼と話して、総合の科目として組みました。2学期向けに準備、1学期から先生たちと組みながら10回のプログラムを組んでやりました。それは非常に町の防災担当の職員も関心があるようでした。県が後押ししながらやり、地元の自治会や災害ボランティアリーダーの人や地域の人と一緒に子ども達のやるのを見守りながらやりました。あそこの場合には津波もそうですが、ハザードマップを重ねてみると避難場所が土砂災害危険区域の中だったりしたのです。

羽鳥 どこにも逃げられない。

木下 津波だと避難場所はここだったけど、土砂災害だと今度は（ハザードマップの土砂災害危険区域の）網がかかってる。一体どこに逃げるんだってなる。それは子どもだって分かる理屈です。

羽鳥 やっぱり複合的に見ないといけないという話になりますよね。

木下 そう。浸水域でも小学校では屋上に逃げるとなっている。この小学校は避難場所でいいのかっていうのは子どもでも疑問に思ってくる。そういう疑問が出てくることが大事で、ハザードマップをつくっていて、それをつくればいいってものではないと思うのです。やっぱり、そういうのをみんなで見て考えることが大事だと思います。そういうのに逃げ地図は非常に効果的で、子どもの疑問に授業を展開していって、現場を歩くとか。そして現場を歩くときに地域の自治会の役員や防災担当の人などと一緒に歩いてみると、通学路に落石注意の看板が立っている。通ってるだけで、ここが土砂災害の警戒区域なのかって子ども達だって分かってくるわけです。そうするとそういう所が通れなくなったらどうするんだろうとか考えるようになるわけです。

羽鳥　それは広島の（土砂災害）前ですか、後ですか。

木下　後ですね。だから地図の上だけではなくて、現場を点検するっていうのも非常に意味があるのです。子ども達と現場を実際にみてみる。ある子が言っていましたが、土砂災害、落石やなんか崩れやすい所、硬い岩盤の所とか普段遊んだりなんかして、斜面滑りとかやって分かるんだというんです。あとでそのテーマで学生の卒業論文で調査したところ、外で遊んだり、いろんな行事に参加したり、活発な子どもほど防災に対する意識が高い。家でゲームやってるようなのはあんまり防災の意識はないということのようなんです。そういう関連があるようなのです。

羽鳥　それは小学生ですか。それ相当、意識高いっていうか、ちゃんとしている。

木下　小学生です。だから外で遊んだり、山に登ったりとか大事だと思うのです。避難場所の指定されてる所のハザードマップでも網がかかってない所には数百年前のかなり古いお寺がありました。子どもも「あそこは大丈夫だ」と言っていました。区長さんが「確かに何百年前からそこにある」と言っていました。いろいろこの地域も災害があったけれど、ここは全然大丈夫だったということです。「じゃあ、ここの避難場所に毛布とか、非常食とかあるのか」って質問を子どもがすると、区長さんは、それは置いてないと。

羽鳥 子どもは鋭いですね。

山本 子どもはてらいもなく言いますからね。それが逃げ地図に書かれていて、下田中での津波からの逃げ地図も、ここは崖崩れが怖いとか、揺れたときにどうなるかが書かれています。科学的にきちんと見ていかなければならないことは、もちろんです。そういう「感覚」で思ったことが逃げ地図上に記載されていますが、大事なことは、その成果を地域の人たちに発表する機会をつくることです。逃げ地図のは足の悪い高齢者を基準に避難時間を表示しているので、子どもたちは「僕らは5~6分で逃げられるが、おじいちゃんやおばあちゃんはもっとかかることがよく分かった」と発表すると、地域の人たちが感動するんです。

羽鳥 なるほど、そんな効果があるんですね。避難計画は、弱者を基準にしてやれば、健常者は包含できるので一番遅い人であったり、一番弱い人を基準にして計画を立てますけど。それを基準にしていることが、実は人の心をつかむ効果があるって面白いですね。

山本 下田市立朝日小学校では毎年子どもたちが地域の人たちに発表をしているのですが、出来も結構いいんですよ。もちろん手書きで、小学生がつくったものだから、それなりの出来なのですが。静岡県下田土木事務所が、これは良いと言ってそれを防災の会議で使用したり、地域に配るんですよね。ハザードマップよりもみんな一生懸命読むんですよ。

羽鳥　それは手書きの逃げ地図ですか。

山本　手書きのですね。手書きの逃げ地図をカラーコピーして、折りたたんで配っていました。

羽鳥　手書きの書類ってやっぱり見ますよね。設計の仕事でもＣＡＤできれいに描かれた図面って、見ようと思えば見るんですけど、でもパッと頭に入ってくるのは手で書かれたもの。要点が分かるんですよね。メリハリがあって、どこを悩んだのかとか、どのあたりが繰り返し書いたのかとかっていうのが。

山本　そうですね。この本の第2章（26頁）でも書いてるように、どこに逃げるか避難目標地点と、ここは通れないという避難障害地点の想定条件を変えれば、それで色が全然変わってくるわけです

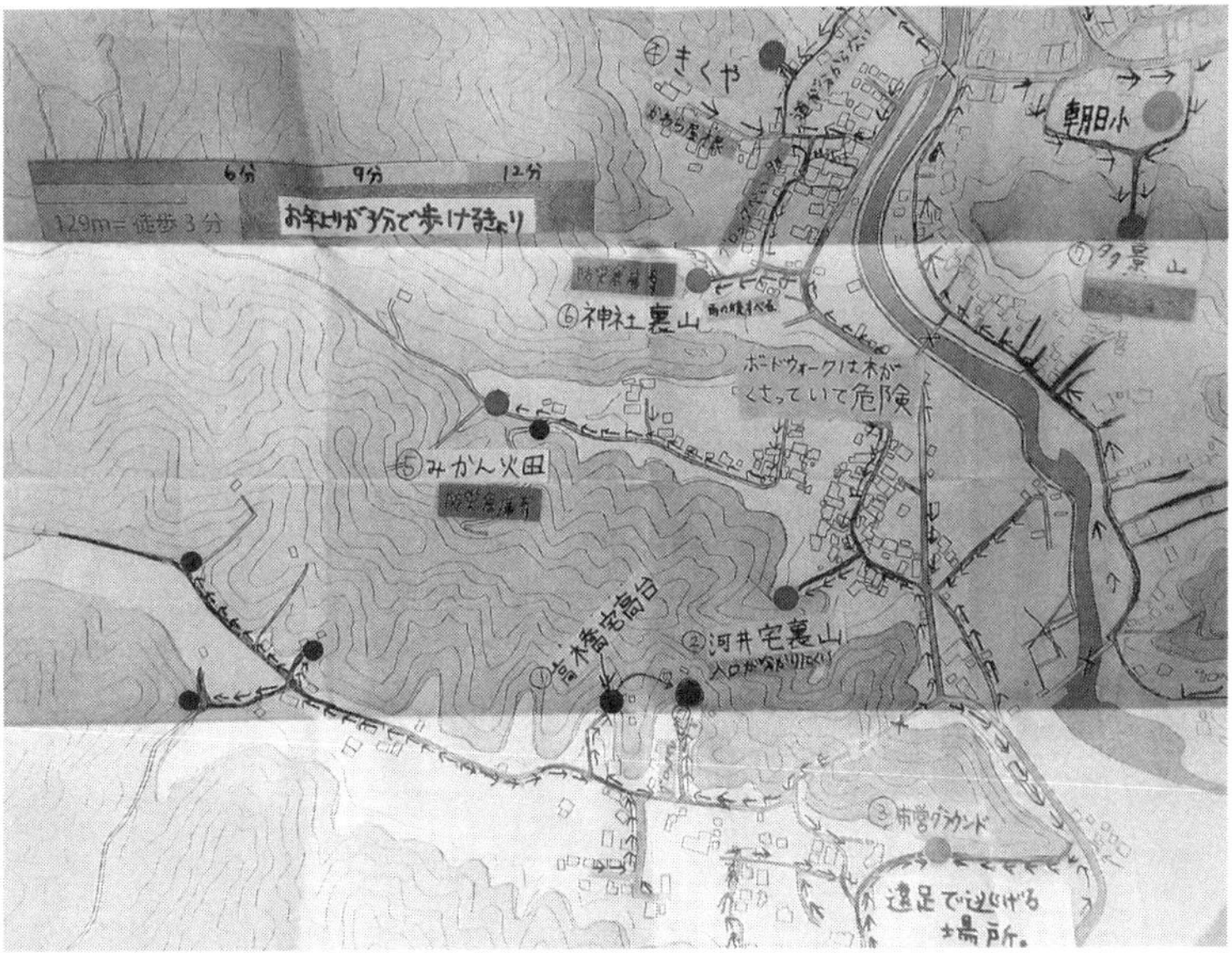

朝日小の子どもたちがつくった逃げ地図

からね。でも逆に鎌倉でも下田でもそうですが、新たに避難階段をつくったり、避難経路をつくると色が変わるわけです。だからつくり続けていくことが大事です。逃げ地図をつくるとまた色が変わって避難時間の短縮を実感する。またやる気が出るというPDCAサイクルが回ります。

木下 そのあたりは研究でリステックスに説明するときにも盛り込みましたね。そういうマネジメントサイクルの手法だと。逃げ地図が誤解されるのは、避難のルートを示すことで、最終成果物が意味を持ってるみたいに捉えてしまいがちになっていることです。本来はそのプロセスに意味があるというのがなかなか分かってもらうのは難しいところがあります。逃げ地図をつくるのが目的化されると違うんだよな、と思うわけです。やっぱり今の下田市立朝日小学校周辺地区のように毎年やってるようなことに意味があるわけですね。

羽鳥 毎年行われるような習慣化するものであることが重要なんです。

山本 そういう点からすると、地域で毎年やるとなると、相当モチベーションが高くないとできないでしょうね。でも鎌倉のように中学校であれば、やるのが当たり前みたいに毎年できますよね。

木下 小学校や中学校は子どもたちがどんどん入れ変わるから、防災教育としても非常に意味がある。

山本 鎌倉一中は自治会が必ずサポートに入ってますよね。

羽鳥 鎌倉は、地域のＮＰＯの人たちの力の結びつきが強いこともあります。学校の先生たちも熱心でした。繰り返しやるということと、学校の義務教育のシステムがちょうど合っていますよね。

山本 組み込みやすいのだろうなと思います。

その話からすると、高校は難しいと思っていたのです。大船渡東高校から依頼を受けて、陸前高田の消防団の福田利喜さん（62頁参照）が講師として行きましたが、高校はいろいろなところから来てますから、学校の周りだけではすまなくて地図を用意するのも大変です。これが（山あいの）住田高校に行くともっと大変で、土砂災害と洪水とそれから津波からの三種類の逃げ地図をつくる必要があった。でもうまくいったのはハザードマップを白黒コピーして、それに色塗りをしたわけです。この方法は地図の準備も簡単ですし、それぞれがどんな災害リスクを持っているかの理解にもつながる。これも僕らが行ったわけではなくて消防団の福田さんが高校の先生たちと一緒にやったことで、この本の中でも紹介されています。こうした次なる展開が生まれてきている。逃げ地図づくりに基本はありますが、応用可能なこともある。そういう点では、土砂災害や洪水からの逃げ地図がこんなに広がると思っていましたか。

羽鳥 一応、いろんなリスクの可視化にはつながるだろうと思っていて、鎌倉をモデルにして、鎌倉でワークショップをやったときに、そもそも木造密集地だったので地震より火事のほうが実はリスク高いんじゃないですかって話になったのです。あの街は細い道も多く、実は消防団の人にとっては悩みの種になっていました。ホースが届かないとか車が入れないとか、救急車がたどり着けないところがあるという話だったので、それでわれわれが勝手に火災版の逃げ地図をつくったりしました。

山本 火災は風によって違ってきます。

羽鳥 だから発災がどこになるか、どこが燃えるか分からないので、消防車が何分でアプローチできるかで可視化したんですよ。細い道の奥のほうは、やっぱりリスクが高まるし、大通りから近いところや消火栓があるところはリスクが低いとか、そういう表現にしました。

山本 逃げ地図の正式名称は避難地形時間地図。地形の要素が入っていますよね。火災からの逃げ地図は、いかんせん、地形のようにはっきりしていないところがあるので、ちょっとハードルが高いというか。

羽鳥 何を目的にして、パラメータを時間や距離だけでなく何を指標として表現するかというのはコツがいると思います。

山本 スマホなどのデジタルのマップの中にはよく見るとコンター（等高線）が入っていますが、昔のように地図をじっくり見る機会が少なくなっています。津波も洪水も土砂災害も地形によってリスクが異なる。コンターを読むことはとても重要で、僕らも建築や教育に携わっていると、きちんと場所を読むように言っていますが、復興事業でも、ばさっと山を切っちゃったりとかしていますよね。

羽鳥 そうですよね。逃げ地図はそもそも、避難タワーを建てる場所のロジックを考えることがきっかけでもありました。どこに建てたらいいか、それが結局分からないと、地盤の状況も分からないから基礎がどれくらい必要なのか、それと津波の高さが想定されたとしてもどれくらいの高さのタワーが必要なのか計画できません。だからどこに建てたらいいのかという疑問を多くの計画者も持っていて、当時は300メートル円などで、コンパスでぐるっと丸を書いて、それが包含できてないところに、もう1つ丸を書いて、たくさん丸が書いてある地図がありました。それは結構単純だったんですよね。当然、避難タワーを概算してくれと言われても出来なかったんです。それで有効な位置が分かれば、その地盤を見て、支持地盤がどれくらいの深さにあるか。それが分かれば、杭がどれくらい必要なのかとか、位置が決まれば標高が出るから、上の鉄骨のタワーの必要な高さも分かります。その包含されている地域のどれくらいの人が逃げてくる可能性があるか分かれば、タワーに必要な面積や備蓄量が分かります。そういういくつもの条件が分かってやっと避難タワーって計画や概算ができるのです。これが逃げ地図をつくる、最初のモチベーションでもありました。

山本　当時はどんなプランにどれくらい費用がかかるかを出して、それらの効果を避難時間で測る方法を提示していたわけで、対策の効果が明瞭に出るという点でいいなと思いました。

羽鳥　その頃は、逃げ地図を計画者側のツールだと思っていました。だから議員さんであるとか、土木事務所の人とか、その人たちにまず説明することを想定していたので、資料も実はそうなっていたのですが、最近は住民とのワークショップが中心になったので、説明用の災害対策と費用対効果のパワポはほとんど省略しています。

リスクの可視化とシンプル化

羽鳥　設計や計画って決めていく作業なんです。デザインってそもそも。

設計をやっていて、じゃあ誰が決めるのかっていったらわれわれが決めるのではなくて、クライアントが最終的に決めるわけですよ。僕らがお勧めして、じゃあどっちにしますか、これがお勧めですけどどうですかといって、お客さんが納得すると決まる。例えば面積を増やすとか、使い勝手をよくするとか、いろいろありますけど、何が変数でどの辺のものを、どのパフォーマンスを上げることを目的にしますか、それにはいくらかかりますよっていう話をします。それがビジュアルで可視化されるとクライアントは分かるわけですよ。これにいくらかかりますよ、じゃあこれすごくいいけど、お金かかり過ぎるからできません。では、他のものはどれぐらいになりますかっていう話になって具体的に比較検討していって決まるわけです。あるパラメータを示して、具体的にビジュアルに示すっていう意味では逃げ地図はわれわれがやってる設計と根本的には変わらないんですよ。そういう意味の決めるためには何が必要かっていうのを表したのがまさにこれです。結局、設計はチームでやるのでチーム内でちゃんと共有して納得できている計画かどうかっていうのも結構重要なわけです。

そのためには、プロジェクトの現状をみんなが正確に共有してるかどうかっていうのが重要で、それがみんなばらばらだと話がまとまらない。そういう意味では時間と距離をパラメータをシンプルにしてしまえば、誰が何と言おうと2キロは2キロなのです。100メートルは100メートルだし、3分は3分だし、6分は6分なわけですよ。そういうところでわれわれのクライアントは大体、企業だし、1人の社長を説得すればいいっていう相手ではなくて、多数いるんですよ。こちらも多数いる。多数対多数の中で物事を決めてくときに、誰の恣意も働かないような指標をベースにするしか、実は議論が進まない。そういう経験があったのでできたのです。

山本　最初の頃の避難タワーをつくった場合、バイパスをつくった場合はどんな効果が期待できるか。黒潮町はいろんなことをやっていて、京大の防災研の支援を得て、地区防災計画をつくっていますが、黒潮町の逃げ地図づくりはどうやったらどんな効果があるかを、手を変え品を変えて試していますね。東日本大震災はの復興事業は国費が100パーセント入ったこともあり、オーバースペックなものになりましたが、南海トラフの巨大地震が来たら、そんなこと言ってられない。だからその事前準備として取り組んでいるわけです。黒潮町の逃げ地図づくりは町役場の人と地域の人たちの双方が意識が高かったということもありますが、やはり一番は事前準備に迫られていて何をすればどんな効果があるのか、100パーセント国費ではないので、限りある財源の中で、どんなことがどの程度できるのか常に向き合っていかなければならない。いろんな所で南海トラフの巨大地震が来たときに、どんな準備をしていったらいいのか検討が進められていますが、絵を描くことは難しい状況にあります。

羽鳥 広大ですよね。

山本 逃げ地図をまずつくる。それを基にしてお金が決まっている中で、どんな対策を講じるかを検討する。最初に羽鳥さんたちが考えた計画者ツールの逃げ地図は自治体の財政当局の人たちも交えてハード面も含めた議論のツールになると思います。津波だけでなくて、洪水の対策もそうですね。まずはハザードマップを見てもらわなければならない段階ですが、その次の段階に来てるのかなと思っています。

山本俊哉氏

羽鳥 確かにマインドチェンジにはなると思います。今まではお金は安いほうがいい、人は助かったほうが当然いい、それを漠然と考えているだけで、費用対効果というか、パフォーマンスって考え方をしていないように思います。逃げ地図をつくると、それが如実に変わるんですよね。何をしたらどういう変化があるのかって。行為と変化がセットだというのが逃げ地図をつくっている場合は結構伝わります。うちのスタッフもそういう意識がなかったりするので、意外とそういう感覚を養ったり、伸ばすにはすごくいいツールだなと思っています。

木下 さっきの羽鳥さんの話は面白いですね。シンプル化する、非常に客観的な誰もが信頼できるパラメータ、変数っていうので時間と距離で示すということですね。世の中っていうのはますますす複雑になってる。価値観も違うし、意志決定っていうのはその価値が採用されると対立の要因になったりします。防災の現場もそういうところがあって、本当は自分の命は自分で守るって言ってるけれど、一方で行政が防災計画を立てて、ハザードマップも用意しているけれども、それもあまり見ない。ハザードマップの見方もそれも全部レイヤー重ねてどうなのかって見るようなものにはなっていない。よほど読み込まないと、どこがどう危険か分からないのです。避難訓練もやったりしても、出る人は少数。リーダーの人が集まって、1人暮らしの人や足が悪い人はどうするのかとか、話題には出るが、そういう問題はそのままにしてしまっている。そういうような事態、深刻なことを考えるのを避ける人間の意識も働いてしまっていると思います。そのままにしてる事柄が多いので、逃げ地図をやり出すと、その中でのリスク・コミュニケーションが生まれて、近所の人はおばあさんどうするんだということが議論の遡上に上がってくるのです。やはり危機感、これはただ事じゃないと思うこと。何かやらなきゃって意識が変わっていくことで、みんなでじゃあ逃げ方どうしようかと考えるわけです。逃げる行為にみんな向いてくれれば物事は変わりうる。そうした場合に先ほどの避難タワーなどの投資の是非の判断ができる。防潮堤などは人間のファクター入れてないですよね。人間の行動の。そういう物だけで整理する発想は、人間の行動が信頼できる行動に変わって、それがパラメータとして有効なものになってくれば変わり得ると思います。そうすることで、「防潮堤は本当に必要かどうか」という議論になってくる。因子として決定する集団の行動が入ってくれれば変わり得ると。防災の場合、大事なところだと思います。

デジタルとアナログのはざまで

木下 これは前から思っている疑問ですが、羽鳥さんの所属している日建設計のような大手の設計事務所だったら、そういう避難時間とかコンピューターを使ってやれば自動的に計算できるじゃないですか。それをなぜ人が手で描く逃げ地図を考えたのかということが気になっています。

羽鳥 建築計画の場合は、避難ポイントみたいなものが避難階段や廊下だったりします。すごく単純なのです。それは避難という観点だけじゃなく、普段の使い勝手からも決まるので、ほとんど動かしようがないのです。そこから計算が始まります。そういう計算は別にエクセルでもできるから、楽なんですよ。でも地域をそのやり方でやろうとしたら避難ポイントはたくさんあるし、ルートはとても複雑だから、おいそれと計算しようと思ってもできない。われわれが持っている避難検証法の計算方法でもできない。それで、どうやったら分かるかなっていうのを、試行錯誤しているうちに、結局手で書いたほうが分かりやすいとなったのです。

木下 そういうことですか。

羽鳥 本当はダイクストラ法という、以前ならスーパーコンピューターを使っての大量の計算を必要とする計算プログラムでやるしかないと思われていたのですが、あれを限られた範囲なら手書きで表現できると分かったことがデジタル界隈の人たちには衝撃だったらしくて。

山本 それが白地図と12色の色鉛筆と革ひもがあればどこでもできるというリステックスが勧める社会技術ですよね。

木下 その通りなのです。そこで僕らリステックス申請のときも、最初は、ゲームなりデジタル化のことを考えて提案したのですが、その部分はカットされてしまいました。でもやることでリスク・コミュニケーションの効果はあったわけです。だけど、そのワークショップというのは参加できる人が限られているわけです。ただ成果が目的ではないけれど、それを元に議論してもらうには、それをまたフィードバックするために記録する必要が出てきた。写真を撮ってやるのもできるが、それでは分かりにくい。ワークショップで作成された各班の地図をリライト、それが膨大な時間かかって、そこでこういうのだったらコンピューターで書けんじゃないかって発想もあったわけです。

そういうときに縁があるもので、和歌山大学の吉野先生（139頁参照）との出会いがありました。デジタルで見せて、そうするとGISのいろんなレイヤーを重ねて、地形と合わせるとか、いろんなことができるようになる。そうするとそれがまた集まったときに自分達でやってるから、余計生かされて、浸水域がどうだとか、避難場所これでいいのかとか。そういう検討ができます。そしてまた描いて、住民がやったのとどっちが早いかとか一緒に書きながら住民が描いてる条件っていうのがコンピューターで描けてくる。そうするとリライトしなくてこういうような結果になったということでデジタルで共有できるという、そういう展開でこの地域でやったら他の地域にも展開していくためにも、情報の技術を上手に使うっていうのは、あるなと思います。だけど、そういう技術に依存しちゃって最初からそういうのをコンピューターで描けるからってやってたらリスク・コミュニケーションにならない。

羽鳥 あれを先に見せちゃうと多分だれも手書きでやらないです。

木下 手書きだから意味あるっていうところの部分を捨てちゃうと、さっきの図面も見ても頭に入らないってのと同じような効果になる。そこのところがミソだと思うんですよね。

羽鳥 われわれもデジタルプログラムを、2012年、新宿のオゾンで展示をしたときにはつくっていました。避難ポイントを設定すれば自動的に緑から黒の色が表現されるプログラムをつくっていたのですが、どうしても計画者側というか、設計者側の視点でつくっていたので、避難タワーを置いて、ショートカットの道をつくったらどうなるかというところに主眼を置いていました。あらゆる計画には、われわれのような設計者がいて、それを執行する行政の人たちだったり、民間の人たちがいますが、その背後にそれを享受する市民がいるわけです。結局そこを経てないとそのツール自体も使われないっていう意味では、逃げ地図も避難タワーも多分一緒だと思うのです。住民の人たちが一緒になって編み出していって、結果できるタワーはちゃんと機能するでしょうけど、住民が関わらずにつくられたハザードマップは、見てもらえないのと一緒です。常に本当に良くつくってもらうためにどうしたらいいのか考えるようになった

木下　という意味では、僕自身は建築に対する向き合い方は変わりましたね。それはすごい。そこで先ほどの火災の話に戻りますが、結構ハードルが高い。だけど火災のシミュレーション、コンピューターで風向きや出火の地点やいろいろ描けますよね。逃げ地図を火災に向き合ってやる場合はまだまだ次の段階だと思いますが、でも防災を考えたら、いつ何時この直下型やなんかが東京に来るかとかどこから燃えるかとか、われわれはもうそういう段階に入っていると思います。特に住民の意識の面を。そこでじゃあ今、発達してる技術とうまく使いながら、そのワークショップで逃げ地図をやる。そのときにシミュレーションをやって見せながら、こういう条件でやってみたら、逃げ地図のこの通りがどうだとか、どのぐらいの人が逃げる通りに集中するとか、避難場所までその速度で歩くとどのぐらいかとか。風向きなどをシミュレーションで火が回るのがどのぐらいとか。シミュレーションを見ながら避難を考えて住民自身が意識を高めていくという、そういうITの使い方だったら意味がありますね。そのために技術を使う意味があると思います。一方、国が描いてるソサエティー5・0っていうのも、何でも便利になって機械任せになってしまうのではないかという懸念も持っています。人間を逆に退化させて意識自体もいわば「技術に使われてしまう」そういう社会になっていくのではないかと危惧しています。

羽鳥　不測の事態にはすごく弱いですよね。電池が切れてたら使えないわけですし。

木下　そう。だからやっぱり人間主体に考えてやってくっていうリスク・コミュニケーションは重

山本　要って思います。そのところを大事にしないとね。

だから逃げ地図の手書きのアナログと、それをリライトしたデジタルのものと、それを行き来することが大事ですね。火災の場合はもう20年前から防災まちづくりのための延焼シミュレーション開発が国家プロジェクトとして行われてきて、高度な内容になっています。ところが一般の住民がなかなかそこに入り込んで行けない。今回、神谷さんが第4章5で書いたことは、葛飾区のほか、足立区と浦安市でも実施されていますが、彼はデジタルのほうのシミュレーションの開発に関わった人間ですから、どんな条件でどんなシミュレーションを行っているのかがよく分かるんです。（109頁参照）

もう一つは、逃げ地図が住民参加の民主的な手続きと科学の先端的なテクノロジーとの両方をブリッジする役割を担っている点です。葛飾区堀切地区の地震火災からの逃げ地図づくりは目的がしっかりとしていて、参加住民が道路の整備や避難場所、その安全性の向上について科学的な検討資料をもとに結構、議論していました。逃げ地図の色を塗っていると、脳が活性化されるのか、いろいろと意見が出てとても良いのですが、火災からの逃げ地図づくりは特に既成の密集市街地は塗る面積が多いんですよ。

木下　多いですね。

羽鳥　だから、特に津波版はできあがった逃げ地図が成果品に近い形にはなりますが、プロセスも含めて重要なのが火災や土砂災害だと思います。書いても書いても想定は移り変わり続けるので、成果物としては認められないけど、その共同製作したプロセスを通してコミュニケーションをとり続けることが、火災の発生する確率のほうが、津波より全然高いから有効ってことですよね。

山本 洪水も土砂災害もそういう面があります。要するに早く逃げればいいのですが、みんなギリギリまで逃げない。いざというときにどこに避難するかという議論が結構多い。早く逃げるのであれば、車を使えますが、車による避難を浸水の想定される場所でどう設定するのか検討を要する。連続立体交差のアンダーパスは冠水しやすい場所ですが、渋滞にはまったら、にっちもさっちもいかなくなる。これもあえて車での避難ということでチームで逃げ地図をつくって比較する。そうしたらやはり早く逃げることが重要で、いざというときに車を使うのは危険ということが実感を持って分かってくる。福知山でも金沢でも、浸水して車が動かなくなってしまう状況が目に浮かぶという意見が複数出されましたが、やはりできあがった地図ではなくて、逃げ地図をつくるプロセスが重要であると思います。

楽しく「防災」と向き合う

山本 この本の各所で紹介しているとおり、最近、JC（青年会議所）が各地で逃げ地図づくりに取り組んでいます。中には一歩踏み出して今までとちょっと違うやり方を試み、それが次の取り組みの起点になっています。122頁で紹介した静岡県の焼津JCもそのひとつで、逃げ地図づくりとロゲーニングを組み合わせた「逃げロゲ」が面白いと、石川県のある自治体の担当者が焼津JCと連絡を取って試みようとしています。

羽鳥 素晴らしい人たちでしたね。地域のミドルエイジの人たちがロゲーニングも加えていました。

山本 子どもたち相手にね。

羽鳥 避難施設や、避難施設になり得る所にハンコを置いて。スタンプラリーなんですよね。遠い所はポイントが高いとか。いろんな所回ったらポイントが高くなって、最終的にはポイントをたくさん取った人たちが景品をもらえるイベントをやっていました。その準備たるや大変だし、スマホアプリでそのポイントに行ったかどうかを確認できるんですよ、みんな携帯の情報で。ポイント地点に人が立って、子どもたちが車ひかれたりしないように気を配っていました。

山本 小さな子どもたちも参加してましたよね。

羽鳥 喜び勇んでスタンプを押してました。意味は分かってるかどうか分からないですけど、避難タワーを、子どもたちが、がーって登って、スタンプ押して。お父さんとお母さんは下で待って

いていました。（笑）

山本　先日、小金井公園で行われた復興まちづくりキャンプで、逃げ地図をつくっている横で「キツネを探せ！」（122頁参照）の動画を流していたら、小さな子どもが来て、食い入るように見ていました。それからキツネのお面を見たりとかね。やっぱりああいうキャラクターや、スマホの動画に強い関心があって、子どもたちの感覚は鋭いから、すぐ入り込んでいけるんですよね。

木下　そうですね。逃げ地図って最初に初めての人に説明するの難しい、ワークショップ開くのも大変という話があったけれども、それ自体も結構ハードルが高いところには、さっきのようにゲームのような形で導入していって、だんだんそこで、「じゃあ逃げ地図ってものをして、これをやってみよう」っていうようなそういう広がりをつくっていくにはいい。

羽鳥　ゲーム化については、産総研の方たちと金沢21世紀美術館での展示のときに試作したことがありました。ゲームの舞台とした金沢の大野町は橋が多い町で、古い橋も多い。実際、住民も「あの橋、大丈夫なのかしら」とワークショップのときに話が出たぐらいの錆びた古い橋もありました。ゲームの設定はプレイヤーが行政担当者になって、ある予算が与えられていて、数は限られているけど橋は補強できる。補強すべきポイントを選んでくださいとスタートします。何も補強しなかった場合を逃げ地図のシミュレーションにかけて、最大で二十数分かかると知らされます。橋を補強すると通れるルートが増えるので避難時間が短縮されるというゲームなんです。全体で半年展示して、1万回以上プレイされました。ランキングが1位から10位まで表示されるのですが、それが全員最短時間になるぐらい何度もプレイされていました。逃げ地図自体の仕組みは分からないけど、それを基にしたゲームで改良方法をみんなが知る。要はここのルートが補強されれば避難時間が短くなると分かるのと、その地域はそもそもどっちに逃げるのかという情報自体がビジュアルで伝わるので。多分住んでる人たちは自分は大体いつもこの辺にいて、自分たちがどこに逃げたらいいのかっていうのは学んでしまいます。ゲームって、圧倒的にそういう情報を浸透させるのに向いているんですよね。その辺はどんどん発展させて、堅いこと言わないでゲームも研究に入れたほうがいいと思っています。より効果的なのは何かという研究をやったほうがいいと思うんですね。

羽鳥達也氏

山本 最近、内閣府も「楽しみながら、しっかり学ぶ防災」を始めようと呼びかけて、「ぼうさいこくたい」(防災推進国民大会。国内最大級の総合防災イベント)を毎年開催しています。それからこの間、東京都の防災体験学習施設「そなエリア」でやっていたのが、「防災ゲームDａｙ」。そこにわざわざ石川県の自治体の担当者が来て、どんなゲームが今、開発されているのか調べていました。

木下　その自治体が先日開催して好評だったのが防災を学ぶ講座を婚活の場で行う「防災街コン」。婚活。

山本　そう。防災にゲームを取り入れたいという自治体だからできたんですね。逃げ地図もゲームと組み合わせたりとかね。婚活は、ニーズはあるけど、恥ずかしくて行けない。ところが防災というと大義名分がたつようで、参加者が増えたそうです。だから防災も使い方による。

羽鳥　だから僕、各地でワークショップをしてるとき、おじさん同士が身を寄せ合って地図を作っているのを見て、合コンでやったらいいだろうなって、当時も思いました。（笑）

木下　婚活逃げ地図。なるほどね。婚活で男女が一緒に塗り絵する感じだもんね。

羽鳥　性格出るじゃないですか。

山本　めっちゃ出る。きちょうめんかどうか。10分で分かっちゃう。

羽鳥　筆圧が弱いやつ、頼りないとか。君ん家どこ?、僕ん家ここみたいな。（笑）

木下　じゃあ、結婚したら家はここにしようとか。

羽鳥　それで、いざというときはここに逃げようって。

木下　それは新しい、いいかもしれない。

山本　そういういろんな応用が利くようなところってありますよね。

羽鳥　ゲームはパラメータをどう調節して、スコアをどう上げるかという試行錯誤ですよね。逃げ地図もそもそも避難ポイントを増やしていけばルートが緑色に変わるわけです。緑色に変わることが彼らにとっては報酬だと分かる人には理解されやすいです。普通のゲームがよくできてるのは、何か障害をクリアするとお金が増えたり、ゴールドって言われただけでうれしい気分になっちゃうこと。報酬が分かりやすく設計されているところです。

木下　ポケモンGOみたいなね。ああいう感覚で逃げ地図ができたら面白い。

●――未来へのリスク・コミュニケーション

山本　ますますビッグデータで物事を分析したりであったりとか、デジタルで情報をどう処理して行くのかっていうのがガンガン進んでいく中で、そこにいったんこちら（アナログ）のほうに戻していくってていうね。

木下　戻してかないといけない。人間がやっぱりそこで主体的に行動するっていうようなところにもってかないと、どんどん人間自身が退化して、コミュニケーションも面倒だってなってくる。人がつながらないとそこでより機械に依存してしまったら、そこで大変なことが何か起こったときみんな逃げないということ。何が起こったか知らずにみんな。

羽鳥　恐らくビッグデータって日常の情報はたくさん日々集まるじゃないですか。でも災害の頻度ってとても少ない。何十年に1回しか起こらないじゃないですか。そもそもビッグデータがないわけですよ。

山本　そうですね、偏ってしまう。

羽鳥　携帯を持った世代が体験した大災害は、東日本大震災と熊本地震など数えるほどしかありません。ああいう災害から逃げるためのビッグデータって恐らくまだないですよね。ビッグデータがそもそもない中で5・0を推進して、実際うまくいくのかと疑問がわきます。そのデータの整備待ってる間にも災害のリスクはあって、じゃあそれを待って何にもしないのかっていうと、そんなわけにもいかないわけじゃないですか。だからこそ人が手をかけたり、意識を向けるって意味ではゲームを用意したり、イベントを用意したりすることを仕掛けていくことはこれから重要なんじゃないかなと思います。

（2019年7月19日　明治大学駿河台キャンパスにて）

おわりに

本書の執筆や編集に関わることで逃げ地図が生まれた背景を振り返ることができました。逃げ地図が生まれた要因はいくつかの困難を目の当たりにしたからでした。

東日本大震災の発生後、我々は何度も被災地を支援のために伺いましたが、特に震災直後の被災地はどこも形容しがたい雰囲気が漂っていました。

行方不明者の捜索が続き、親しい人を亡くされた方も多くいる中、また大きな地震が来るのではないか、今後の生活は一体どうなるのかなど、言いようのない不安がその正体だと感じました。

そしてその様な状況下であっても、どの地域の人はどの避難所に行くべきなのか、仮設住宅はどこにつくるか、防潮堤はどうするのかなど、日々何かを決めなければ復興も進まないといったストレスに、多くの人々が晒されていました。

役所の職員の方々は自らも被災者でありながら、自治体が直面している様々な問題に取り組まなければならず、市民からの苦情なども少なからずあり、その心労は相当なものであったと思います。

震災後の市民の集会の場に同席させてもらえる機会もありましたが、大震災という誰もが未経験の事態に対し、自治体からの説明や提案に対しても、参加した市民の意見もまとまりようもなく、**意見**

を出し合うことの難しさ、建設的な話し合いの場をつくる難しさ、合意・決定することの難しさ、を感じました。

また、被害の分析が進むにつれて、避難開始が早ければ助かったと思われる人々、浸水域に戻らなければ助かったと思われる人々が多くいたことも明らかになり、大地震や津波災害など、長い期間を経て再来する災害に対して、**長期間危機意識を持ち続けること、それを世代を超えて伝えていくことの難しさを感じました。**

逃げ地図は避難に関する時間や距離といった、誰が描いても同じ結果となる基本的な事実を明らかにするだけです。しかし、だからこそ声の大きい人の意見が通るような話し合いではなく、誰もが意見を出し合える場になります。その地図の緑色を多くしようという目標が自然と生まれることで、建設的な話し合いとなり、参加した多くの人が納得できるアイデアが、その場のコミュニケーションによって生まれていきます。

事実を分かりやすく表現することで、改善点も分かりやすくなり、誰もが共有できるシンプルな目標を設定することで、建設的な話し合いになる。こうした要素を踏まえれば、逃げ地図のようなものはまだまだ生み出すことができると考えています。読者の皆様には、ぜひこの第二、第三の逃げ地図を考えていただければと思います。

また、我々が開発した逃げ地図の手法の有効性を客観的に分析し、ワークショップの方法の改良、マニュアル化などに尽力してくださった明治大学の山本俊哉先生、千葉大学の木下勇先生らの精力的な研究活動により、数多くの自治体に広まり、今回の書籍化が現実のものとなりました。こうしたつながり自体がまさに最も困難な持続性という課題の解決につながるものであると思います。この場をお借りし心より感謝申し上げたいと思います。

震災という悲劇を悲劇のままにせず、克服すべき試練とすることで、次世代の子どもたちを守ることにつなげる。この本はその仲間を増やすためにまとめた本です。この本をきっかけの一つとして、沢山の命を守るためのアイデアとコミュニケーションが生まれていくことを願っています。

日建設計ボランティア部　羽鳥　達也

【編著者紹介】

逃げ地図づくりプロジェクトチーム
「逃げ地図」の作成手法とそれを伝え防災を考えるためのワークショップのプロセスを開発した日建設計ボランティア部と、明治大学山本俊哉研究室及び千葉大学木下勇研究室がその効果の検証、防災教育やまちづくりへの展開について2012年５月に共同研究を開始。その後、研究成果を社会実装するため（一社）子ども安全まちづくりパートナーズ（代表理事：山本俊哉）が加わり、「逃げ地図」づくりを全国展開している。

日建設計ボランティア部〔第１章〕
東日本大震災の発生直後に、日建設計を中心とした複数の企業が、被災地域の大学生を対象に教育支援の一環として「特別オープンデスク」を実施。その際、被災地の調査を学生たちとともに取り組んだメンバーを中心に、有志でボランティア活動チームを結成。その後、会社公認の部として活動を続ける。グループ会社の社員を含めて約20人が参加する。開発した逃げ地図のアイデアは、グッドデザイン・ベスト100、世界銀行主催ハッカソン「コードフォーレジリエンス（Code for Resilience)」最優秀賞などの受賞。

　羽鳥達也（日建設計ボランティア部）
　今野秀太郎（日建設計ボランティア部）
　小野寺望（日建設計ボランティア部）
　穂積雄平（日建設計ボランティア部）
　井上雅子（元日建設計ボランティア部、一般社団法人子ども安全まちづくりパートナーズ研究員、セコム株式会社IS研究所研究員）　他

山本　俊哉〔第２章、第４章２・４、第５章３〕
1959年千葉市生まれ。千葉大学大学院修士課程（建築学専攻）修了後、（株）マヌ都市建築研究所を経て、2010年より明治大学理工学部建築学科教授。博士（学術）。専門分野は都市計画、建築・都市安全学。現在、（一社）子ども安全まちづくりパートナーズ代表理事、（一財）都市防災研究所理事、（特非）向島学会副理事長、地域マネジメント学会副会長など。著書に、『大地震に備える』（丸善)、『防犯まちづくり』（ぎょうせい)、『安全学入門』（研成社）など多数。

木下　勇〔第３章、第４章３〕
千葉大学大学院園芸学研究科教授。専門は都市計画、農村計画。住民参加のまちづくり、子ども参画のまちづくりを1980年よりワークショップ手法を駆使して世田谷区にて展開。（一社）子ども安全まちづくりパートナーズ理事。著書に『ワークショップ～住民主体のまちづくりへの方法論』（学芸出版社)、『アイデンティティと持続可能性～「縮小」時代の都市再開発の方向』（萌文社)、『子どもの参画』（翻訳監修、萌文社)、『子どもの遊びと安全・安心が両立するコミュティづくり』（萌文社）など。

寺田　光成〔第３章・逃げ地図マニュアル作成〕
1991年栃木県生まれ。通称：チャーリー。専門はランドスケープ・地域教育。小学校教員免許取得後、現在は全国各地で住民参加のまちづくりのお手伝いを行う。
現在、千葉大学大学院園芸学研究科博士後期課程、千葉県松戸市岩瀬自治会集会所管理人、日本冒険遊び場づくり協会研究員、IPA（子どもの遊ぶ権利のための国際協会）日本支部運営委員を務める。

羽鳥　達也〔「逃げ地図」とは、第４章１〕
東京スカイツリーなど大規模建築を数多く設計してきた設計事務所、日建設計の設計部門ダイレクター。超高層オフィスであるソニーシティ大崎（現NBF大崎ビル）の設計を手掛け、近年、大規模建築では必須となっているコンピュータ上での数千人規模の避難シミュレーションを多用した設計経験を生かし、逃げ地図の開発を主導した。東京大学、日本大学、東京都市大学などで非常勤講師を務める。日本建築学会賞などの受賞多数。

神谷　秀美〔第４章５〕
1964年東京生まれ。千葉大学工学部卒業後、（株）マヌ都市建築研究所に入社。現在、同社取締役、認定特定非営利活動法人日本都市計画家協会理事。技術士（建設部門：都市及び地方計画）。各地で住民主体の防災活動やまちづくり活動への支援業務に従事。東日本大震災では、2011年４月から陸前高田市へ通い被災者の住宅再建活動や地域再生活動を支援。2013年からは大船渡市でも支援活動を開始し、現在も継続中。

森脇　環帆〔漫画、第５章１〕
1973年岡山県生まれ。明治大学大学院新領域創造専攻博士後期課程修了。小田原短期大学保育学科助教。明治大学理工学部まちづくり研究所客員研究員。博士（学術）。専門は芸術学。2001年よりアートプロジェクト作品を国内外で多数発表。（一社）子ども安全まちづくりパートナーズ理事、（特非）向島学会理事。

大崎　元〔第５章２〕
1957年大阪府生まれ。名古屋工業大学建築学専攻修士課程修了。西原研究所、界工作舎等を経て有限会社建築工房匠屋共同主宰。共訳『まちづくりの新しい理論』『パタンランゲージによる住宅の建設』（いずれも鹿島出版会）他。共著『成長主義を超えて―大都市はいま―』（日本経済評論社）『現代都市のリデザイン―これからのまちづくり心得』『社会派建築宣言―誰もが人間らしく生きる生活空間の創造』（いずれも東洋書店）『都市計画とまちづくりがわかる本』（彰国社）他。

エルミロヴァ　マリア〔逃げ地図マニュアルイラスト（第１章〜第５章扉）担当〕
1991年ロシア　ニジニ・ノヴゴロド市生まれ。千葉大学大学院園芸学研究科博士後期課程在籍。専門はランドスケープ・生態学。千葉県松戸市岩瀬自治会集会所管理人。

災害から命を守る「逃げ地図」づくり

令和元年 11 月 22 日　第 1 刷発行
令和 2 年 1 月 10 日　第 3 刷発行

編　著　逃げ地図づくりプロジェクトチーム

発　行　株式会社ぎょうせい

〒136-8575　東京都江東区新木場 1 - 18 - 11
電話　編集　03-6892-6508
営業　03-6892-6666
フリーコール　0120-953-431

〈検印省略〉　URL：https://gyosei.jp

印刷　ぎょうせいデジタル㈱

ISBN978-4-324-10714-0
(5108555-00-000)
〔略号：逃げ地図〕